교회학교 교사 실전 노하우

교사 스타트업

최혁기 지음

교사로 부르심 받았다면
이 책을 통해 현장 경험을 배우고
귀하게 쓰임 받기를 바랍니다.

새로운 길

들어가는 말

시골교회에서 목사안수를 받기 전까지 여러 교회에서 교육전도사로 사역을 했다. 자연스레 여러 가지 교육에 관한 노하우를 가지고 있었지만 3년의 시간이 흐르면서 흐릿해졌다. 목사 안수를 받고 얼마 지나지 않아 인천의 규모있는 교회 교육목사로 부임하는 기회를 얻게 되었다. 사실 내세울게 별로 없었는데 선물처럼 주어진 기회였다.

교육 목사로 부임해서 청년부를 맡아 운영하며 다행히 담임목사님의 배려로 다양한 세미나에 참석 할 수 있었고 서울에 주목을 받고 있는 교회의 교육목사님들을 만나 배울 수 있는 기회가 열렸다. 그래서 사역 현장에 다양한 방법들을 접목하고 운영하며 여러 가지 사역 노하우를 갖게 되었다.

교육목사로서 유치부부터 청년부까지 모든 부서를 이해하고 있어야 함은 물론이고 각 부서 예배에 다 참석해야 했으며 차세대 부서의 전반에 대한 피드백을 가지고 회의를 해야 했다. 교사

어느날 갑자기

교사로 세워주신

은혜에 감사드리기도 전에

학생들을 가르치기 위한

현실의 어려움속에서

고군분투하실

교회학교 선생님들께

응원하고 기도하는 마음으로

이 책을 드립니다.

- 최혁기 목사 -

교사 스타트업

초판1쇄 발행 2017년 4월 26일
초판2쇄 발행 2019년 1월 10일

지은이 최혁기
펴낸이 이한용
펴낸곳 새로운길

출판등록 제 2017- 040103 호

디자인 조은디자인
편 집 고윤환
교 정 심현지
마케팅 이호연

주 소 인천광역시 옹진군 영흥면 영흥남로 237 101호
전 화 031-916-5997
팩 스 0505-333-3031
가 격 7,000 원
이메일 dodun7@naver.com

홈페이지 newroad.modoo.at
도서번호 ISBN 979-11-960175-2-1

단체 구매를 희망하시는 분들은 출판사에 따로 문의해 주시기 바랍니다.

들의 이야기를 듣고 부장단과 사역자들의 이야기를 모두 들어야 했다. 그러면서 자연스럽게 한 단계 한 단계 경험이 쌓이게 되었다. 이후 다른 교회에 교육목사로 부임 하면서 이전교회에서 배웠던 다양한 시스템들을 신나게 적용해 갔다. 마치 날개를 단 것 같았다.

리더들을 키워나가고 구조와 틀을 만들고 타임테이블을 기획하면서 2-3년 앞을 내다보았다. 몽골단기선교, 시골교회 아웃리치, 제주도 여름캠프, 스키장 MT 등 다양한 행사를 기획하고 진행하였다. 예배에 대한 다양한 포맷도 실행해 보면서 어느 정도 내 안에 자신감이 생길 때였다.

예배 / 소그룹 / 행사 이렇게 세 가지 부분에 있어서 어느 정도 틀을 잡고 잘 운영해 나가면 시스템이 안정되기 때문에 자연스럽게 성장하는 상황이 펼쳐진다. 거기에 관계성과 전도를 연결하면 어느 정도의 열매를 기대할 수 있다. 그렇게 재미있는 목회를 하다가 서울에 큰 교회에 교육 목사로 부임하게 된다. 그 곳에서도 역시 다양한 사역들을 하게 되고 더 큰 경험들을 하게 되었다. 직접 교사세미나 강사가 되어 자체적으로 진행할 수 있을 만큼 노하우가 쌓이게 되었다.

그러던 어느 날 부르심에 따라 새로운교회를 개척하게 되었다. 처음에는 교회 건물도 없이 카페를 대관하여 3명이 모여 예배를 드렸는데 그렇게 어렵게 시작한 새로운 교회가 어느덧 5년차가 되어가면서, 이제는 큰 부흥과 성장을 경험하고 있다. 여기까지 올 수 있었던 것은 과거의 다양한 경험들 때문이다. 물론 힘든 일이 전혀 없었던 것은 아니다. 그러나 그런 경험들은 교회를 개척하고 몇 년이 지난 지금까지도 여전히 많은 도움이 되고 즐거운 목회를 할 수 있는 동력이 되었다.

최근 들어 과거에 교육목사로 사역할 때 함께했던 전도사님들이 이제 교육목사가 되어 문의하거나 만나서 배우려는 분들이 생겨났다. 그분들에게 교육목사로서의 노하우를 설명해 주고 나눠 드리다보니 이 노하우를 현장에서 아이들을 가르치느라 고군분투하고 계실 선생님들에게도 나누어 드리면 어떨까? 하는 생각이 자연스럽게 들었다. 그리고 책으로 출간하면 좋겠다는 생각에까지 이르렀다. 그래서 바로 글을 써 내려가고 있다. 마침 우리 교회에서 운영하는 출판사도 있고 이미 우리 교회 스토리를 쓴 책이 4권이나 있기에 책을 출간하는 것이 어려운 이야기는 아니었다. 마음만 있으면 얼마든지 가능한 일이다.

이 작은 책에 모든 노하우를 다 담을 수는 없겠지만, 그리고 그것이 완전한 진리라고 볼 수는 없겠지만, 전체 부서 교사들이 범용적으로 사용하기에 좋은 책이 될 것이라 믿는다. 나중에 교사 세미나에서 만날 기회가 된다면 더 자세한 이야기를 전달 해 드릴 수 있을것이다.

그리고 가능하면 모든 교사들에게 전달되었으면 하는 바램으로 책의 가격을 저렴하게 낮추었다. 너무 두꺼워서 읽기를 포기할 수도 있으니 조금 얇은 편이 좋을 것 같았다. 이 책을 통해서 수많은 교사들이 도전을 받고 학생들에게 선한 영향력을 열정적으로 전달할 수 있었으면 좋겠다. 그리고 현장 매뉴얼로서 실제적인 도움이 되는 책이 되길 바란다. 그로인해 교회학교가 살아났으면 좋겠다.

어느 날 갑자기 교사가 되었다면 막막 할 수밖에 없다. 혹은 몇 년째 교사를 하고 있지만 아직도 어떻게 해야 할지 막막할지도 모른다. 하지만 이 책을 천천히 곱씹어 보면서 생각하고 준비하다보면 아이들 앞에 선생님으로서 부족해서 생기는 민망함과 당황스러운 상황들을 조금이나마 피하게 될 것이다. 나아가 학생들에게 의미 있는 선생님으로 기억된다면 얼마나 기쁠까? 하나님께서 맡겨주신 교사의 사명을 충실하게 잘 감당해 내는 선생님들이 되기를 소망해 본다.

각 교회마다 그리고 우리 교사들이 다음세대를 향한 진실한 사랑으로 열정을 다할 때 우리의 아이들을 민족의 지도자와 리더들로, 그리고 다음 세대의 세상을 변화시키는 빛과 소금의 삶을 살아가는 진정한 크리스천으로 키워내기를 기대해 본다. 편하게 마음먹고 천천히 페이지를 소화하고 중요한 부분에 밑줄과 체크를 하여 꼭 실천할 수 있도록 시도해 본다면 좋겠다.

책이 책장에 갇혀서 먼지 쌓이며 머물러 있기 보단 가방에 가지고 다니며 계속해서 참고하는 그런 책이 된다면 저자로서 이보다 큰 보람이 없을 것이다. 이제 주님께서 하실 일만 남았다. 부족한 이 책이 주님 손에 붙들려 쓰임 받는 순간, 나귀의 턱뼈처럼 기적 같이 사용되어질 것을 기대하며 기도해 본다.

2017.4.8. 일산 커피상자에서

CONTENTS

들어가는 말

나오는 말

○ 예배의 목적과 의미
○ 예배의 실제적인 참여
○ 예배를 통한 은혜와 결단기도

Part 1. 예배

교육목사 시절 청년부 예배를 드리기 전이었다. 어떤 자매가 상담 신청을 해와서 바쁜 시간이었지만 교회 1층 카페에서 만나게 되었다. 첫눈에 보기에도 그 자매는 뭔가 이상했다. 마스크를 쓰고 목에도 붕대와 반창고를 붙이고 나에게 자신의 사연을 말하기 시작했다. 성형수술이라도 한걸까? 아니면 양악수술인가? 이런 생각을 잠시 하다가 자매의 말을 듣고 충격을 받았다. 어제 밤에 이 자매는 자살을 시도했었다고 고백했다. 목에 줄을 매고 의자를 발로 걷어 차서 자살하려고 했는데 그만 줄이 끊어지고 말았다. 그로 인해 앞으로 넘어지면서 턱을 바닥에 부딪혀서 병원에서 치료를 받고 오는 길이라고 했다. 목에는 아마 선명하게 자국이 남아 있을것이다. 아담한 체구에 예쁜 자매인데 하나님을 모르는 불신자였다.

상황이 그렇게 되자 이 자매가 떠올린건 혹시?라는 생각이었다. 그래서 이 아침에 교회를 찾아온것이다. '혹시 하나님이 정말 살아계신건가?' 그래서 자신을 죽게 내버려 두지 않은 것이라면 도대체 그 하나님이 뭐라고 말하는지 들어보려고 교회를 찾아왔다는 것이다. 물론 자신에 대해서는 청년부에 비공개로 해달라고 부탁했다. 상담을 마치고 내 마음은 너무나 안타까운 마음으로 가득했다.

"아... 어떻게 도와줄 수 있을지. 주님 어떻게 조금이라도 그 자매에게 말씀해 주시고 제발 살려주세요...."

가슴 절절한 고백이 내 안에서 흘러나왔다. 재빠르게 청년부 찬양팀 연습을 지도중인 찬양담당 전도사님을 만나서 자초지종을 설명했다. 전도사님도 내 마음을 알아차리고 최선을 다하겠다고 말씀해 주셨다. 청년들은 아무도 몰랐지만 우리 둘은 정말 비장한 각오로, 그날 거의 목숨을 걸다시피 최선을 다해 찬양을 인도하고 눈물의 기도를 드리며 목이 터져라 희망의 말씀을 쏟아내었다.

마음속으로는 제발, 제발... 맨 뒷자리에 앉아서 듣고 있는 그 자매의 눈을 바라보며 진땀이 흐를 정도로 정말 생사를 걸고 예배를 인도했다. 물론 그 뒤로 그 자매를 다시 볼수는 없었다. 개인적으로 지금까지도 주님께서 그 자매를 살려주셨기를 바라고 있다.

그날 예배를 드리면서 느꼈던 한 영혼을 살리기 위한 그 마음은 이후 내 인생을 바꿔 놓았다. 예배는 장난이 아니다. 예배는 늘 뻔한게 아니다. 예배는 단순히 시간 때우는게 아니다. 누군가에겐 생명이 달려 있는 시간이다. 주님께서 정말로 진실로 역사하시는 시간이다. 비단 사역자들에게만 중요한 시간이 아니다. 교회학교는 교사들에게도 학생들의 영혼과 생명을 책임지는 시간이기도 하다. 수 많은 학생들이 자살을 시도하며 살아가는 현실 속에서 예배는 그들의 생명이 오고 가는 영적인 사투의 현장일지도 모른다.

그것을 이해하고 바라보면 예배는 정말 중요하다. 교사로서 본인도 예배를 통해 은혜를 받아야겠지만 학생들도 은혜 받는 시간이 되도록 도와주는 것이 필요하다. 예전에 시골 교회에서 초등학생 시절을 보낼 때였다. 교회학교에서 우리 반을 가르치던 선생님은 고등학생이었다. 우리에게는 넘을 수 없는 산처럼 커보였는데 항상 하얀 양말을 신고 교회에 와서 무릎 꿇고 엎드려 기도하셨다. 그 때 우리는 까맣게 때 묻은 양말을 보며 웃곤 했었는데 지금도 그 선생님의 무릎과 기도가 생각난다.

본인도 교실 바닥을 하루 종일 돌아다니며 공부하느라 피곤했을텐데 평일 어린이 저녁 예배에 책가방을 맨 채 와서 찬양하고 기도하고 설교히는 그분들이 참 많이 기억에 남아있다. 주일에도 말썽꾸러기 우리들을 향해 전혀 화내지 않고 온화하게 가르치시던 모습이 참 고마웠다. 진지하게 기도하고 예배하던 그 선생님들이 여전히 내 마음속에 선생님으로 남아 계신다.

장난치는 아이를 바르게 앉히고 조용히 시키는 것도 중요하지만 무엇보다 선생님이 예배를 어떻게 드리는지, 목회자를 어떻게 대하는지, 평소 어떤 말을 사용하는지 이런 것들이 사실은 학생들의 기억에 더 오래 남게 된다. 지금 당신이 선생님이라면 어떻게 예배를 드리고 있는지 한번 생각해 보면 좋겠다. 신령과 진정으로 드리는 예배인지? 아니면 그냥 늘 반복되는 뻔한 예배인지, 아이들을 감독하느라 정신이 없는지 선생님의 그런 마음들을 아이들이 기가 막히게 알아채고 있다.

예배의 목적과 의미

오늘 드려지는 예배의 목적은 무엇인지 생각해 본적이 있는 가? 늘 반복되다 보니 어떤 때는 목적과 의미도 없이 예배의 자리에 앉아 있는 자신을 발견할 때도 있다. 그건 학생들도 마찬가지다. 예배 안에 찬양, 기도, 말씀을 통해서 하나님과 만나게 되는 시간이 있다. 사실 그 시간 안에서 모든 게 우리에게 주시는 주님의 사인이라고 볼 수도 있다. 그렇다면 쉽게 지나칠 수 있을까? 때론 농담도 농담이 아닌 것이다. 어떤 학생에게는 오늘 예배 속에서 나누었던 말씀이 그의 인생을 바꾸는 말씀이 되기도 한다.

어떤 눈물의 기도는 어린이의 가슴을 울리고 삶을 결단하는 기도를 하게 한다. 그만큼 중요한 시간이다. 매주일 드려지는 예배 시간을 소홀히 생각하지 말고 가능하면 오늘 어떤 의미로 다가올지 기대하며 시작할 수 있도록 설명해 주어야 한다. 날씨는 어떤지? 학생들의 심리 상태는 어떤지? 시험기간인지? 누가 병원에 계신건지? 이런 상황이 체크되면 그 학생을 배려해 줄 수가 있다. 오늘 가장 중요한 포커스는 무엇인지? 예배를 드리면서도 선생님에게 다가오는 메시지를 확인해야 한다. 어떤 의미가 중요하게 느껴지는지? 그것을 반 아이들과 함께 나누는 것이 필요하다.

선생님 스스로 예배에 대한 진지함이 묻어 있어야 한다. 학생들은 바로 그것을 보고 배우게 되는 것이다. 보통 이런 건 말하지 않아도 느껴진다.

예배 드리면서 관리 감독하라는 이야기가 아니다. 사실 조금 집중하지 못해도 괜찮다. 중요한 건 선생님이 진실한 예배자로서 있을 때 그것을 통해 학생들이 배우게 된다는 사실이다. 백마디 말보다 행동으로 보여주는 게 더 효과적이다. 자신이 맡은 학생을 위해서 진심으로 기도해 주는 교사, 눈물 흘리며 기도해 주는 선생님은 말하지 않아도 학생들에게 오래도록 기억에 남는다. 사실 이성적이며 학문적으로 가르치는 교사보다 어쩌면 묵묵히 행동으로 감동으로 주님의 사랑을 보여주는 교사가 더 큰 영향력을 끼칠 수 있다.

결과적으로 선생님의 예배 태도에 따라 학생들도 딱 그만큼 예배자로 서게 된다. 그러니 반 아이들이 예배에 참여하지 않는다고 혼낼 일만은 아니다. 선생님의 선한 영향력은 학생들의 인생마저 선한 결과로 뒤 바꿀 수 있다는 사실을 항상 염두에 두어야 한다.

교사라는 자리가 단순히 교회에서 개인의 명예만을 드러내는 자리가 되어서는 결코 안 될 것이다. 특별히 교회에서의 교사라는 자리는 학생들의 영혼을 다루기 때문에 더더욱 귀한 자리일 수밖에 없다. 그렇기에 훈계 보다는 사랑으로, 가벼움보다는 경건과 진실함으로 가르치려는 노력이 항상 필요하다.

예배의 실제적인 참여

많은 교인들이 예배에 직접적인 참여 보다는 방관자처럼 팔짱을 끼고 앉아 바라 보고만 있다. 영화관에 들어가서 영화를 관람하듯, 드라마 한편을 시청하듯 그렇게 예배를 대한다. 그럴 것이 아니라 예배에 실제적으로 참여해야 한다. 노래 잘하는 사람들이 앞에서 찬양 콘서트를 하는 시간이 아니라, 함께 찬양하며 내 목소리로 주님께 귀한 찬양을 올려 드리는 의미를 유념해야 한다. 그냥 유행가 따라 부르듯 신나는 리듬을 타는 시간이 결코 아니다.

찬양의 가사를 제대로 이해하며 나를 대입시키고 내 영혼의 고백이 눈물과 진실함으로 흘러 나와야 한다. 죄인인 우리가 십자가의 보혈로 용서 받고 겨우 할 수 있는 것은 우리 목소리로 찬양하며 영광 돌리는 일이다. 그냥 구경꾼으로 있는 시간이 아니다. 그렇다고 노래를 유명한 가수 뺨칠 정도로 잘 불러야만 하는 것도 아니다. 말도 안되는 찬양 실력이라도 주님은 우리의 진심을 보려 하실 것이다.

정말 중요한건 진심이다. 우리 속에서 정말로 가슴 벅차게 감사가 넘치고 은혜가 느껴져서 가만둬도 찬양이 흘러나와야 하는 것이다. 그 찬양 시간에 장난치고 딴 생각하고 립싱크 하라고 주어진 시간이 아니다. 내 마음을 드리는 시간이고 주님 앞에 찬양의 제사를 드리는 시간이다. 노래를 잘 한다면 이왕이면 찬양보컬로 앞에 서서 참여하는 것이 좋다.

P교회 청년부 찬양 팀에는 찬양만 하면 눈물범벅이 되는 보컬이 있었다. 찬양하면서 무릎 꿇고 기도하고 엉엉 울면서 찬양했는데 나중에 물어보니 나 같은 죄인 살려주셔서 이렇게라도 찬양하며 섬기게 하신 은혜에 감격해서 매번 눈물이 나온다고 고백했다. 우리는 어떻게 찬양하고 있는가? 우리 아이들에게는 어떻게 가르치고 있는가? 교사의 생각이 중요하다. 무언가를 알고 있어야 중요한 걸 놓치지 않고 아이들에게 가르쳐 줄 수가 있다.

예배시간에 가장 중요한 시간은 사실 설교 시간이다. 설교를 잘하느냐 못하느냐의 문제가 아니라 목회자가 전달하는 말씀을 어떻게 잘 받을 것이냐는 문제다. 딴생각과의 전쟁이며 정말 집중하여 경청해야 할 시간이고 우리 마음속에서 영적 전투가 일어나는 시간이기도 하다. 선생님이 이 정도니 학생들은 더할 것이다. 정신 똑바로 차려야 한다. 어떤 학생은 말씀시간에 들었던 한 말씀이 그의 가슴에 꽂히게 되어 인생이 역전되는 경우도 있다. 그때 역사하신 말씀의 힘은 목회자의 전달력에 있었던 것이 아니라 분명 그 말씀을 사용하신 주님의 능력에 있었을 것이다.

말씀을 통해서 나를 비추는 시간이 되고 내 생각과 부딪히는 시간이 되고 내 고집을 꺾어야 하는 시간이 되어야 한다. 중요한 건 그 말씀의 도전 앞에서 우리 인생이 변한다는 것이다. 최소한 영향을 받는다는 것이다. 이것은 학생들에게도 동일하다. 그 말씀을 통해서 은혜를 받고 마음이 움직이고 삶을 바라보는 가치관이 변하고 이를 악물고 세상 속에서 결단하는 용기를 얻기도 한다. 말씀을 통해 구체적인 하나님의 뜻을 발견하기도 하고 삶의 이정표를 찾기도 한다. 그렇다고 한다면 설교 시간에 어떻게 집중하지 않을 수 있을까? 대부분의 학생들은 이 사실을 알지 못한다. 배운 적도, 경험한 적도 별로 없다. 그러니 이 부분에서도 역시 교사의 역할이 가장 중요한 것이다.

기도에 대해서도 마찬가지다. 방언을 하느냐, 마느냐의 문제보다는 얼마나 갈급함으로 기도하느냐가 더 중요하다. 우리의 삶에 갈급함이 있는지? 그냥 편안하고 나태한 삶을 살고 있는지? 아니면 너무 바쁜 와중에 그런 것을 생각할 겨를도 없는지 돌아봐야 한다.

간절한 기도는 세상을 변화시킨다. 갈급한 기도는 하나님께서 역사하신다. 우리의 진심은 기도로 주님께 전달된다. 크리스천으로서 우리가 기도해야할 것들이 얼마나 많은지 설명해 줘야 한다. 그저 '나 혼자 잘 먹고 잘 살게 해주세요.' 정도의 차원이 아니라 우리 주변의 사람들을 위해서 민족과 나라를 위해서 해야할 기도를 알려줘야 한다.

우리 어머니는 나를 업고 철야를 하며 기도하셨다. 왜냐하면 절박했기 때문이다. 너무나 가난한 그 시절에 어린 나에게 먹일 젖도 나오지 않아서 보리밥 뜬물로 나를 먹이셨는데, 결국 영양실조에 걸렸고 병원을 찾았을 때는 이미 늦은 상황이였다. 결국 첫아들을 허무하게 보내야 하는 상황을 맞이하게 된것이다.

그 누구에게도 도움을 청할 수 없는 청천벽력 같은 그 상황에서 어머니는 마지막으로 하나님을 붙잡으셨다. 작정을 하고 그 밤에 추운 교회 마루바닥에 엎드려 나를 등에 맨채로 눈물로 오열로 폭풍 같은 처절한 기도를 하셨다. 기도의 치열한 전쟁터에서 야곱처럼, 한나처럼 하나님께 매달리셨다.

"제발 살려만 주시면 주님께 목회자로 바치겠습니다. 제발..."

그리고 정말 기짓말처럼 새벽에 기적이 일어났다. 볼록했던 내 배는 다 들어가고 새근새근 잠들어 있었던 것이다. 절박했던 어머니의 기도는 결국 기적적으로 응답되었다. 그리고 서원하신 대로 목사가 되었다.

우리의 기도는 절박해야 한다. 학생들을 향한 기도는 눈물이 맺혀 있어야 한다. 그들의 인생을 향해, 가정을 향해, 비전을 향해 간절히 기도해 주는 교사가 진정 필요하다. 기도가 살아있는 백성은 망하지 않는다. 기도로 공부하는 학생들은 민족의 지도자가 될 것이다. 교사는 깊이 있는 기도로 나아가고, 기도가 그들의 몸에 배도록 가르쳐야 한다. 이렇게 예배에 참여하는 교사와 학생들이 되어야 한다.

예배를 통한 은혜와 결단기도

사실 많은 학생들이 은혜가 무엇인지 모른다. 선생님들도 잘 모르는 경우가 많다. 하나님께서 내게 베풀어 주신 은혜, 내 힘으로는 도저히 그렇게 될 수가 없었는데 하나님께서 기적적으로 역사해 주셔서 가능했던 결과를 바라볼 때 은혜라는 고백을 하게 된다. 평범한 일상 중에서도 내가 살아있는 것을 감사하게 느끼고 그 동안의 삶이 주마등처럼 지나가며 하나님의 은혜를 다시 한 번 깨닫게 될 때, 내 마음을 전율케 하고 감동케 하는 그 무언가가 느껴질 때, 비로소 그것을 은혜라고 고백 한다. 주님께서 내 삶에 베풀어주신 선물 같은 느낌이다. 학생들에게 그것을 알려줘야 한다. 한번 은혜를 맛보게 되면 그 다음부터는 알려주지 않아도 본능적으로 은혜를 찾고 깨닫게 된다.

눈물, 콧물 쏟아봐야 주님의 은혜가 어떤 것인지 알게 된다. 특별히 예배 속에서 은혜를 경험해야 하며 그렇게 경험한 은혜를 붙잡고 결단하는 기도를 드려야 한다. 통성기도 시간이 있다면 그때 부르짖는 것으로 하고 만약 그게 없다면 마음속으로라도 결단하며 기도해야 한다. 결단이라는 것은 받은 은혜로 인해 앞으로는 오늘 깨달은대로 살겠다는 고백이다. 이런 결단의 기도가 아주 중요하다. 성경 속 인물들도 대부분 이런 결단의 기도를 드렸다. 그렇게 하지 않으면 우린 너무 쉽게 잊어버린다.

받은 은혜를 쉽게 흘리거나 놓치게 되면 1년만 지나도 그때 어떤 은혜를 받았는지 기억에 없다. 그나마 동판에 글씨를 새기듯 내 가슴에 새길 수 있는 것이 결단하는 기도이다. 그만큼 절실하고 진실하며 필사적인 결단이어야 한다. 결단을 통해 내 삶을 고치는데 공을 들여야 한다. 그렇게 기도하지 않으면 결과적으로 또 평범한 하루가 지나가고 마는 것이다. 주님께서는 그렇게 예배를 통해서 한 영혼이라도 더 결단하기를 원하시지 않으실까? 우리뿐만 아니라 학생들도 그런 은혜를 누리고 결단하며 기도 할 수 있도록 인도해야 한다. 그런 은혜와 결단이 있는 예배야말로 그들에게 더 큰 영향을 주는 시간이 될 것이다.

특별히 고 3때는, 많은 은혜를 받고 결단의 기도도 많이 하는 편이다. 삶의 상황이 주는 특별한 무게감과 갈급함이 있기 때문이다. 가난하고 불우한 상황, 부모님의 이혼, 집단 따돌림과 왕따, 외모에 대한 불만족등 학생들의 마음을 비틀리게 만드는 상황은 너무나 많다. 그것을 들어주고 체크하여 무엇을 위해 기도해 줘야할지 아는게 중요하다. 우리 인생에 그런 갈급함이 없이는 그저 평범한 인생으로 끝날 수밖에 없다. 교사로서 내 삶의 이유에 대해서 먼저 생각해 볼 필요가 있다.

1. 우리 반 학생에게 예배의 목적과 의미를 가르치고 있는가?

 - 그것이 왜 중요한가?

2. 우리 학생은 예배에 실제적인 참여가 이루어지는가?

 - 어떻게 참여할 수 있나?

3. 우리 학생은 예배를 통한 은혜를 알고 결단기도 할 수 있는가?

 - 은혜가 뭔지? 결단기도를 해봤는지?

"아버지께 참 되게 예배하는 자들은 영과 진리로 예배 할 때가 오나니 곧 이 때라 아버지께서는 자기에게 이렇게 예배하는 자들을 찾으시느니라."

(요 4:23)

사실 예배는 가장 중요한 부분이고 우리 학생들이 온전하게 드리는 예배가 되기를 소망해야한다.

MEMO

○ 마음을 열고 친밀감으로 신뢰 공동체를 만들어라

○ 삶과 은혜를 나누고 기도제목을 적으며 경청

○ 사회자로서 강력한 질문과 리액션

Part 2. 소그룹

예배가 대그룹 형태라면 소그룹은 반별 모임을 말한다. 셀모임이나 분반공부와 같다. 사실 1:1의 개별적인 터치가 가능한 그룹은 소그룹이다. 그렇기 때문에 예배만큼이나 중요한 시간이다. 아이들에게 간식을 챙겨주는 것, 이름을 불러주는 것, 아이 컨텍(eye contact)을 하는 것, 그들의 이야기를 들어주는 것 모두가 아주 귀한 시간이다.

선생님에게는 바로 이 시간이 리더로서 나서야 할 시간이다. 자신의 반을 위해 스페셜한 준비가 필요하다. 교사의 역량에 따라 반별 모양과 문화가 만들어지는 것이다.

소그룹에서 그들의 이야기를 듣는 것은 그 중에 제일 중요하다. 때로는 눈물의 간증과 고백이 나올수 있는 시간이기도 하다. 그저 놀고 웃는 시간이 아니라 조금은 진지한 이야기도 할 수 있는 시간이어야 한다. 교사는 그 상황을 적절하게 인도할 수 있어야 한다.

마음을 열고 친밀감으로 신뢰 공동체를 만들어라

공과를 가르치는 것도 중요하지만 핵심만 전달하면 되고 사실 중요한 시간은 학생들의 이야기를 들어주는 시간이다. 가능하다면 선생님은 사회자로서의 역할을 하는 것이 좋다. 학생들 누구나 편하게, 자연스런 대화가 가능하도록 사회를 보는 것이다. 대화가 편향되거나 비판적이 되거나 잘못되지 않도록 수위를 조절해야 할 필요가 있다. 그리고 믿음의 공동체에서 나온 이야기는 최대한 비공개를 유지해 주도록 한다. 때론 소문이 돌고 돌아 학생들에게 비수처럼 상처를 줄 수도 있기 때문이다. 가능하면 삶의 일상에 대한 부분을 나누고 은혜 코드를 찾아내야 한다.

학생들이 나누는 이야기 속에서 선생님은 반드시 하나님의 은혜 코드를 발견하고 설명해 줄 수 있어야 한다. 처음 온 학생도 마음 문을 열 수 있도록 친밀감 넘치는 믿음의 공동체로 만들어 가야 한다. 신뢰할 수가 없다면 그 공동체는 위험하다. 너무 믿고 여러가지 이야기를 모두 꺼내는 것도 자칫 애매할 수 있다. 이 부분은 교사의 컨트롤 능력일 수 있다. 소그룹 그 안에서만큼은 학생들 편이 되어주어야 한다. 그들의 입장에서 함께 소통해야 한다. 그렇게 될 때 학생들이 마음 문을 열고 선생님과 함께 하게 된다. 어느 순간 실제로 선생님으로 받아들이게 된다.

이런 관계성을 가져야 그 다음 단계가 가능해진다. 서로 신뢰도가 제로라면 어떤 것도 시작할 수가 없다. 그들을 잘 알아야 하고 그들을 사랑으로 품어야 하며 위해서 기도해 주는 것을 기본으로 삼아야 한다.

삶과 은혜를 나누고 기도 제목을 적으며 경청

소그룹 학생들과 삶을 나누는 것이 필요하다. 눈높이를 한도 끝도 없이 낮추고. 비웃음이 마음 속에 떠올라도 참아라. 철저히 그들에게 맞춰주는 것이 필요하다. 그들의 이야기를 경청하는데 필요하다면 핸드폰으로 녹음을 하거나 다이어리에 적어두는 것도 좋다. 학생들의 이야기를 듣고 정리하다보면 그 학생의 정보를 알게 되고 더 깊은 관계성을 갖게 된다. 어느 정도 선까지는 선생님도 자신의 이야기를 공개하고 함께 기도를 부탁하는 것도 좋다.

학생들의 기도 제목을 끈질기게 묻고 그 기도를 다듬어주고 함께 기도하기로 약속한다. 반 학생들이 모두 함께 서로의 기도 제목을 알고 있고 삶을 공유하며 그리고 기도해 준다면, 이전과 다른 살아있는 은혜를 경험하는 반이 될 것이다. 중요한 것은 그들의 이야기에 집중하는 것이다. 학생들의 이야기를 들을 때 드라마 한편을 본다고 생각하면 좋다. 다음편이 궁금해 질 것이니 말이다.

고등학교 시절, 수련회를 마치고 성령체험과 은혜를 받고 나서, 방학기간 동안 교회 후배들과 낮에 함께 모여 기도를 한적이 있다. 그때 서로를 위해 중보해 주기 위해 기도제목을 나누는데 한 후배의 아버지가 어떤 상황에서 감옥에 들어 가시게 되었다. 우리들은 그 후배와 아버지를 위해서 눈물로 기도할 수 밖에 없었다. 우리가 도와줄 수 있는 다른 방법이 없었기 때문에 서로 얼마나 눈물 흘리며 중보를 했던지 정말 그 기억이 아직도 남아있을 정도이다. 놀라운 것은 얼마의 기간이 지난 후 그 후배의 아버지가 다시 집으로 돌아오신 것이다. 그 후배가 얼마나 기뻐하던지...

삶을 나누고 기도제목을 나누다 보면 그들의 삶 가운데 역사하시는 하나님을 느낄 수가 있는데 정작 말하고 있는 본인은 모를 때가 있다. 그것을 사회자인 교사가 알려주면 좋다. 눈을 보고 몰입하여 그들의 이야기를 들어야 한다.

그들의 이야기를 듣고 있지 않다면 아이들은 바로 눈치를 채게 되고 말하다가도 마음이 상해서 더 깊게 말하지 않게 된다. 이 부분에 중요한 키가 숨어 있다. 진심을 다 털어놓게 되면 학생들은 그 다음부터 정말 선생님으로 생각하게 된다. 요즘은 바빠서 부모님도 자녀들의 이야기를 들어주지 못한다. 친구들에게 잘못 말하면 놀림이 될 상황에서 선생님이 학생의 이야기에 관심을 갖고 잘 들어준다면 신뢰를 쌓는 좋은 관계성을 갖게 될 것이다.

아이들에게 믿을만한 선생님 한 분 정도는 필요하다.

처음에는 쉽지 않겠지만 일단, 이런식으로 시스템이 만들어지게 되면 다음부터는 쉽게 진행이 된다. 그리고 이야기를 나누다 보면 점점 다양한 이야기로 나누게 되고 기도제목도 점점 업그레이드가 되어진다. 자신의 이야기를 잘 정리해서 말하는 학생들은 자연스럽게 리더로서 성장하게 된다.

긴급하거나 중요한 기도제목은 공개 여부를 물어보고 담당사역자에게 전달해 주어야 한다. 그렇게 해서 다른 부서와 함께 연합하여 도움을 주거나 중보할 수 있도록 하는게 좋다.

사회자로서 강력한 질문과 리액션

학생들의 이야기를 들으면서 강력한 질문을 던질 수 있어야한다. 사실 예수님도 많은 병자들을 고칠 때, 그들에게 그리고 제자들에게 질문을 하셨다. 심플한 질문이지만 강력한 질문이어서 결과적으로 그들의 인생이 바뀌는 기회가 되었다. 질문으로 인해 전혀 생각지도 못했던 부분에 대해 생각해 보게 되는 것이다. 질문과 생각을 통해서 점점 성숙해지게 된다. 본질에 근접한 질문은 학생들의 마음을 뒤흔드는 큰 효과가 있다. 성경 말씀을 보면서 그런 질문들을 찾아보는 것도 좋다. 현장에서 학생들과 이야기를 나누다 보면 자연스럽게 어떤 질문을 던지는 것이 좋을지 떠오르기도 한다.

지혜를 구하며 기도하면 더 좋겠다. 학생들이 싫어하는 것 중에 하나가 답 만을 제시하려고 하는 선생님이다. 사실 학생들도 답이 무언지 대부분 정확히 알고 있다. 하지만 자신의 이야기를 하면서 털어내는 편이다. 답을 달라는 소리가 아니다. 그냥 들어달라는 소리다. 계속해서 답을 제시하려는 눈치없는 교사가 되기보다는 있는 그대로 들어주고 혹시 답을 제시해 주지 못하더라도 함께 평안히 기도해 줄수 있는 교사가 되어야 한다.

유재석씨가 MC로 유명한 이유는 게스트들을 배려하고 편하게 대해주며 이야기를 자연스럽게 하도록 리드해주기 때문이다. 이것이 고수의 실력이다. 우리는 학생들이 이야기를 편하게 하도록 배려하고 있는가? 들어보지도 않고 재빨리 판단하고 시시비비를 따지고 있다면 그건 아니다. 학생들이 믿고 마음을 열 수 있게 개그 코드를 써가며 편안한 분위기를 만들어 주고, 어떤 이야기를 해야 하는지 샘플을 보여주고, 적재적소의 질문들을 하면서 이야기를 인도해야 한다. 일본의 TV 프로그램들을 보면 리액션이 우리나라보다 한 차원 위에 있다. 과하다 할 만큼 강한 리액션들이 반복되곤 한다.

실제로 출연자의 이야기를 들어보면 그런 과한 리액션으로 인해 더 재미있고 쉽게 자신들이 이야기를 할 수 있었다고 말한다. 그렇다면 우리는 우리 반 아이들이 그렇게 쉽게 이야기하도록 리액션을 해주고 있는지 생각해 봐야 한다. 뚝보처럼 묵뚝뚝한 표정으로 인상쓰고 조용히 어색한 분위기 속에 앉아 있다면 빨리 정신 차려야 한다.

아이들이 말을 하지 않으려는 이유는 나 때문이라는 것을 깨달아야 한다. 재미있게 들어주고 박수라도 치고, 넘치게 웃으며 고개를 끄덕거리며 바닥이라도 굴러줘야 말할 재미가 날게 아닌가? 교사의 이야기로 95%를 채우려고 하기보다는 아이들의 이야기로 95%를 채운 다음 교사의 이야기로 5%를 채워 정리해 주면 어떻게 될까? 그게 더 자연스럽고 아이들이 좋아하는 인기 교사가 되는 지름길이 아닐까?

1. 우리 반모임에서는 마음을 열고 친밀감으로 신뢰할만한가?

 - 서로 믿고 이야기하고 있는지?

2. 삶과 은혜를 나누고 기도제목을 적으며 경청하고 있는지?

 - 기도제목이 구체적인가? 응답이 있는가?

3. 사회자로서 강력한 질문과 리액션

 - 발언시간을 조절하는가? 경청하며 완전 리얼하게 들어주는지?

"두, 세 사람이 내 이름으로 모인 곳에는 나도 그들 중에 있느니라."
(마 18:20)

소그룹에서의 나눔이 중요하고 그 곳에서 주님도 함께 듣고 계신다.
학생들의 이야기에 관심을 가져야 한다. 그 시간을 즐겨라.

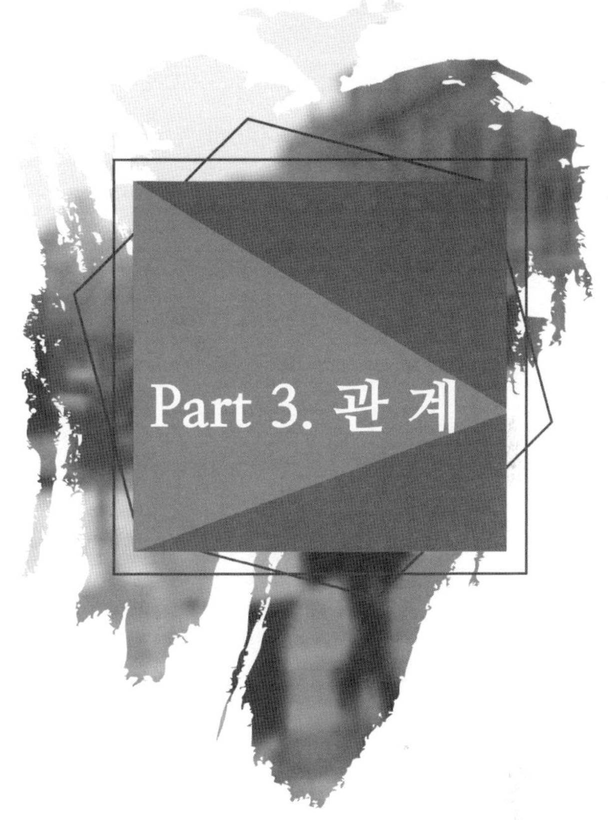

- 소그룹 멤버들과 1:1로 미팅
- 인스타, 카톡, 페북, 카스 등 다양한 SNS 활용
- 선물(기프티콘, 생일 및 축하), 기도, 관심질문

Part 3. 관계

학생들과의 관계성을 쌓아가야 한다. 그저 주일 날 반 별 모임 시간에만 만나는 것으로는 관계성을 쌓아가기에 턱없이 부족하다. 적어도 교사라고 한다면 따로 시간을 내서라도 한 명 한 명과 관계성을 만들어가야 한다. 그렇게 1:1로 격파해야 결국 반별 모임 시간에 선생님이 주도권을 가지고 편안하게 인도 할 수 있는 것이다. 자신이 가르치는 학생에 대해서 뭔가 아는 것이 있어야 하지 않을까? 그것도 1년 내내 모르다가 끝나 버린다면 도대체 뭘 했다고 할 것인가? 그 정도의 시간은 교사를 할 때 마음속에 결단하고 정해야 한다.

그들과 함께 만나서 이야기를 나누는 시간 정도는 헌신해야 한다. 교사 할 사람이 없어서 등 떠밀려서 교사가 되었다고 해도 무늬만 교사라고 형식적으로만 하려고 하지 않기를 바란다. 요셉은 자기의 뜻과 상관없이 어쩔 수 없는 상황 속에 노예가 되었지만 보디발의 눈에 들어 집사가 될 정도로 노예의 인생에도 최선을 다했다. 지금 교사가 되어 이 책을 읽고 있다면 그건 분명

이유야 어찌 되었건 교사로 부르신 것이다. 어차피 교사를 할 거라면 배우고 준비해서 제대로 헌신하기를 응원한다.

'회사나 학교, 가정 생활하기에도 시간이 없고 벅찬데 교사까지 해야 하나?'하는 마음을 빨리 내려놓고 주님께서 교사의 직분을 통해 배우게 하시고 만나게 하시며 우리를 변화시켜 가실 것을 기대하면 좋겠다. 결국 우리에게도 학생과의 만남은 관계성으로 나아가는 첫걸음이 된다.

어떤 분들은 학생들이 눈에 밟혀서 교사를 그만두지 못한다고 하시는 분들도 계신다. 상황과 현실이 항상 우리의 결정을 주저하게 만들지만 결과적으로 최선은 교사로서의 부르심에 응답하는것이다. 달란트를 맡은 청지기처럼 우리에게도 맡겨 주신 학생들이 있다. 이제 어떻게 할것인가?

소그룹 멤버들과 1:1로 미팅

자신이 맡고 있는 반별 학생들을 1:1로 미팅해야 한다. 한주에 1명씩 진행하는 것으로 하고 천천히 하되 가장 간단한 방법은 그날 예배와 모임이 끝난 후 만나는 방법이 있다. 아니면 평일에 따로 시간을 정해서 만나는 것도 좋다. 카페에서 만나거나 햄버거 집이나 공적이고 편한 곳에서 만나서 상담을 해야 한다. 살아온 이야기, 가정이나 학교 상황, 교회나 소그룹, 취미나 특기 등 다양한 질문 꺼리가 있고 그것으로 그 친구의 이야기를 들어 볼 수 있다. 시간은 자유롭게 하되 너무 길게 하기 보단 적절히 끊고 다음 기회에 2탄을 듣는 것도 좋은 방법이다. 이렇게 미팅을 끝내고 다음 주 예배 때 다시 보면 확실히 느낌이 다르다.

보이지 않는 유대감이 형성되고 학생들이 선생님을 진솔하게 느끼게 된다. 때문에 개인적인 이야기는 되도록 많이 들을 수록 좋다. 이런 식으로 반 아이들을 모두 만나면 그 다음부터는 문제가 있거나 필요한 아이들 정도로 편하게 상담을 하도록 하고 여름 수련회 전후로 한 번 더 만나보는 것도 괜찮다.

어떤 학생들은 돈을 빌려달라고 하기도 하고 어떤 학생들은 친구들을 데려와 선생님에게 맛있는것을 사달라며 무리한 요구를 하기도 한다. 이부분은 지혜롭게 분별해야 한다.

일진에게 폭력을 당하거나 가정 상황이 복잡하게 돌아가거나 위기의 상황이나 성폭력등의 상담을 듣게 될수도 있다. 이런 부분을 교사가 듣게 되었을때는 담당 목회자에게 알려주고 지혜로운 해결 방법을 함께 모색해야 한다. 섣부른 판단과 결정은 자칫 잘못된 결과로 이어질 수 있기 때문에 좀더 조심스럽게 대처해야할 것이다.

인스타, 카톡, 페북, 카스 등 다양한 SNS 활용

학생들이 사용하는 SNS를 파악하고 그것을 활용하는 것이 중요하다. 그들과 함께 만들어 가는 것도 괜찮고 수준에 따라 큐티를 하거나 좋은 격언들을 보내주는 것도 좋다. 그리고 개인 페이스북 등을 통해서 그 학생들의 일상에 대해서 정보를 얻고 '좋아요'나 댓글로 응원하고 만나게 되었을 때 관심질문을 하면 좋다.

실제로 제주도 수학여행 사진을 올린 학생이 있었는데 그것을 눈팅만 한 후 주일에 만나게 되었을 때 '제주도는 잘 다녀왔니?'라고 물었더니 그 친구는 제주도 수학여행에 대해서 수다를 떨기 시작했다. 얼굴 표정이 너무 신나 보여서 말을 끊을 수가 없을 지경이었다.

작은 관심으로 인한 질문 하나가 그날의 분위기를 바꿔 놓은 것이다. 주일에만 봐서는 그들이 어떻게 사는지 알 길이 없다. 그렇기 때문에 이런 SNS를 잘 활용하면 더 깊숙이 그들과 소통할 수 있게 되는 것이다. 평소에 소통이 잘 되다 보면 일주일에 한 번 만났을 때 더 풍성한 이야기를 나눌 수 있고, 그들의 고민과 속 깊은 이야기를 조금 더 먼저 만나볼 수 있게 될 것이다. 그러다 보면 자연스럽게 그 학생의 진실한 멘토가 된다.

이 부분에 대해서 응용해볼 여러 가지가 있다. 심지어는 게임이나 다른 장르의 문화도 함께 하며 질문을 할 수도 있다. 중요한 건 주일에 보이는 하루 모습이 아니라 평일 6일 동안의 모습을 체크하는 것이다. 그러면서 삶이 예배인 것을 가르치고 주님과 항상 동행하고 있음을 상기시켜 주어야 한다. 주일예배만 하나님의 임재가 있는 것이 아니라 우리의 삶 속에도 주님의 임재가 있다는 것을 가르쳐야 한다.

그들이 살아가는 현장 속에 더 가까이 찾아가서 관심을 표현하고 응원해 준다면 만나서 이야기 나누는것 이상으로 더 좋은 상황을 만들어 갈수가 있다. 소그룹에서 몇명의 학생들에게 sns로 공감을 나누는 것은 조금만 관심이 있으면 가능한 일이다. 그렇게 많은 시간이나 특별한 기술을 필요로하진 않는다. 선생님들 중에 sns를 잘 다루시는 분들에게 물어봐도 충분히 배울수 있다.

선물(기프티콘, 생일 및 축하), 기도, 관심질문

카카오톡을 사용한다면, 반 별 소그룹 단체 카톡방을 만들고 그 곳에서 기프티콘을 선물로 보내는 것도 좋은 아이디어다. 생일 축하나 기도 제목 등을 올리고 관심질문을 여기에 해도 괜찮다. 이렇게 적극적으로 SNS를 활용하는 것은 학생들이 SNS세대이기 때문이다. 그들에게는 스마트 폰이 제일 쉽고 SNS를 통해 소통하는 것을 기본으로 생각한다. 세대 차에서 오는 한계가 있다.

선물만 하는 것이 아니라 축복과 기도를 해야 한다. 짧은 메시지를 쓰더라도 의미가 담겨 있는 것이 좋다. 보편적인 기도가 아니라 그 학생의 상황에 맞는 기도를 써줘야 그 메시지가 보이고 전달되는 것이다. SNS가 주는 한계가 있어서 오해의 소지가 있을수도 있다는것을 염두에 두어야 한다.

학생들과 어느 정도의 소통이 되면 관심 있게 질문을 해야 한다. 그 학생의 상황에 맞게 질문을 하다 보면 스스로 더 깊은 이야기를 털어 놓게 되고 그게 반복되면 그 학생을 위해서 뜨거운 마음으로 기도해 줄 수 있게 된다. 이런 관계성이 쌓여가다 보면 결과적으로 선생님을 신뢰하게 되고 주님을 소개하고 말씀 속으로 인도하는데 효과적이 될 것이다. 선물비용이 너무 비싸지 않게 적당한 선에서 잘 컨트롤 하는 것도 중요하다. 처음부터 너무 고급 선물을 하게 되면 나중엔 별 감흥이 없고 도리어 작은 선물에 불평이 나오기 쉽다. 적당한 밀당이 필요하다.

학년별로 사용하는 SNS가 다를 수도 있고 아예 사용하지 못하는 세대도 있다. 유치원 아이들이나 초등학교 저학년 같은 경우는 그 부모를 공략해 보는게 좋다. 함께 작전을 짜보고 서프라이즈 선물을 준비해 보는것도 좋은 결과를 얻을 수 있을 것이다. 예컨데, 집에서 해야할 기도문을 함께 고민해도 좋고, 여러가지 다양한 방법들을 만들어 볼 수도있다.

1. 소그룹 멤버들과 1:1로 미팅

 - 이번 주에는 누구와 만나기로 했는가?

2. 인스타, 카톡, 페북, 카스 등 다양한 SNS 활용

 - SNS를 활용하고 그에 따른 질문하기

3. 선물(기프티콘, 생일 및 축하), 기도, 관심질문

 - 생일 정도는 챙겨줘야 할 텐데…

"우리와 동행하면 여호와께서 우리에게 복을 내리시는 대로 우리도 당신에게 행하리이다." (민 10:32)

사람과의 관계성이 중요하다. 학생들과도 그렇다. 우리가 받은 은혜가 흘러가게 되어 있다. 친밀한 마음으로 함께 동행함이 필요하다.

MEMO

Jesus
trust

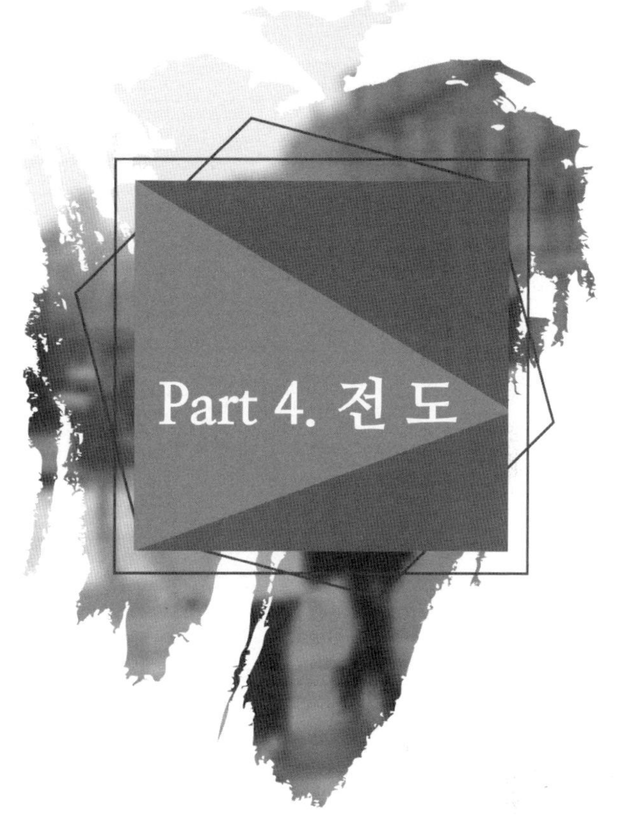

○ 소그룹에서 전도대상자를 미리 선정
○ 그 친구와 밖에서 함께 만남
○ 이야기를 들어주고 행사와 예배에 초대

Part 4. 전도

결국 관계성이 좋으면 전도가 될 수밖에 없다. 학생들의 삶에 자신감이 있고 자기 이야기를 쏟아 낼 만큼 믿을 만한 선생님이 계시다면 자연스럽게 친구들과의 관계성도 생기기 마련이다. 교회에서의 소그룹이 즐겁고 편안하다면 자연스럽게 그 친구들을 초대하게 된다.

이 부분에서 우리가 조금 더 지혜롭게 북돋아 주는 역할을 한다면 소그룹은 몇 명 더 늘어 나게 될 것이다. 이렇게 자연스럽게 전도가 되는 것이 바람직하다. 선생님이 그들에게 신뢰감 있는 친구처럼 느껴지는지? 아니면 교장 선생님 같은 딱딱한 느낌으로 부자연스러운지가 중요하다. 맡은 반의 전체적인 분위기는 교사가 컨트롤하며 만들어 가는 것이다.

능력이 부족하다면 학생들에게 도움을 요청해도 된다. 소그룹은 함께 만들어가는 것이다. 조금 더 여유 있는 마음과 수용의 마음을 가지고 건강한 소그룹을 만들어 가면 좋겠다. 그러면 자연스럽게 전도로 이어질 것이다.

　예전에 중고등부에서 전도축제를 한 적이 있다. 그날 자장면을 쏘기로 했는데 모두 학교에 가서 소식을 전했다. 초대할 친구들을 리스트로 정리해서 기도하며 당일이 되었는데 정말 신발을 벗고 들어갈 수 없을 정도로 수많은 친구들이 그날 예배에 참석했다. 자장면을 얼마나 많이 시켰던지... 완전 대박이었다. 열정적으로 복음을 전하고 예배후에 반별로 새로운 친구들과 이야기를 나누느라 시장바닥처럼 되어 버렸다. 학생들과 선생님들이 함께 만들어낸 장관이었다. 역시 자장면으로 역사하신 주님의 위력이 대단했다.

　전도하려는 세대에게 맞는 접촉점이 무엇인지 고민해봐야 한다. 학년별로 지역별로 환경에 따라 접촉점은 다를수 밖에 없다. 이부분은 학생들과 함께 고민해 보고 다른 교회 사례도 찾아보면서 우리 교회만의 답을 찾아봐야 한다. 그리고 기도로 준비하면 하나님께서 역사해 주실것이다. 결과에 지레 겁먹지 말고 괜찮으니 과감히 도전해라. 전도해보라.

소그룹에서 전도대상자를 미리 선정

학생들과 어느 정도 관계성이 생기게 되면 초대하거나 전도할 수 있는 친구를 정하도록 하고 함께 그 친구를 위해 기도하며 D-day를 계획한다. 친구들마다 상황에 따라 다르게 계획해도 좋다. 그 친구들의 이름을 기억하고 대략적인 상황을 체크하고 함께 기도한다.

친구의 이름을 적어두는 것이 중요하고 최종일까지 중간체크를 하면서 잘 초대하는 것이 좋다. 일단 이렇게 전도할 친구가 정해지면 좀 더 확실한 목표가 세워지기 때문에 학생들에게 좋은 전도의 기회가 될 수 있다.

특별히 그 친구가 어떤 어려움은 없는지, 무엇을 위해서 기도해야 할지를 잘 정해서 준비하면 좋을 것이다. 개별적으로 친구를 전도하겠지만 선생님의 역할은 지원사격으로 보면 좋겠다. 우리 반 학생을 응원하고 격려해주고 전도할 계획을 상의하여 실제 시도해 보는 것이 필요하다.

그 친구와 밖에서 함께 만남

교회로 초대하기 전에 한 번 같이 만나보는 것이 더 효과적이다. 그런 때는 그 친구가 가고 싶은 곳에 함께 가주는 것도 지혜로운 방법이다. 햄버거, 아이스크림, 카페, 영화관 정도의 범위에서 같이 맛있는 것도 사주고 이야기도 나누고 함께 추억을 만들어 둔다고 생각하면 된다.

이런 만남을 통해서 교회에 대한 선입견도 조금 누그러지고 편안하게 이야기를 들어주는 형태로 진행하되 궁금한 질문 몇 가지는 하면서 관심을 표현해야 한다. 그리고 한 번 더 D-day에 보자는 당부의 말도 남겨둔다. 이렇게 했어도 못 오는 경우도 있기 때문에 여기서 안심할 필요도, 상처 받을 필요도 없다. 그리고 당일에 오지 않았다면 이유를 확인하여 다음 주에 나오도록 초청해도 괜찮다.

밖에서 초대한 친구와 만나는 것은 친구보다 우리 반 학생에게 더 중요할 수 있다. 전도에 대해서 자신감도 생기고 선생님과 전도 프로젝트를 함께 해본 경험도 중요하기 때문이다. 가능하면 말을 많이 하기 보단 들어주는 것이 좋다. 이 미팅에서는 최대한 학생들에게 맞춰주는 것이 중요하다. 좋은 인상을 남기는 것이 중요한 포인트다.

너무나 노골적으로 교회에 나오기를 요청하면 도리어 역효과가 나기 쉽다. 그렇기 때문에 최대한 편안한 선에서 설명하고 이야기 나누고 다음주에 교회에도 나올거라는 기대감을 내려놓고 상대하면 좋다. 거기에 너무 신경을 쓰게 되면 도리어 다음주에 그 학생이 나오지 않은것을 보고 충격을 받게 된다. 우리가 할일은 여기까지이다. 이후 그 학생을 인도하시는것은 주님께서 하실 일이 아닐까?

그러니 너무 닫힌 생각을 하기 보단 열린 생각으로 마음 편하게 대하고 함께 전도한 친구에게도 쉽게 이야기해주는게 좋다. 다음주에 그 친구가 나오느냐 마느냐는 우리에게 달려있는건 아니니까 말이다. 결국 이번 기회에 우리를 만났고 어느정도는 성과가 있었다고 보는편이 속편하다. 괜찮다. 인생 길다. 하나님께서 그냥 놔두시지는 않을 것이고 결국 인생의 어느 시점에서 주님을 만나는 기적이 일어날 것이다. 기도하는 마음으로 만나면 좋겠다.

이야기를 들어주고 행사와 예배에 초대

가능하면 친구들이 말하는 시간이 많도록 해서 즐거운 시간으로 진행해 주는 게 좋다. 행사나 예배에 초대할 때도 마찬가지로 적용된다. 많은 교회에서 전도한 당일에 행사를 진행하느라 너무 바빠서 정작 찾아온 그들에게 별 다른 배려나 관심이나 시간을 투자하지 못한다. 그래서 행사 때 많이 왔다가 그 다음 주가 되면 안 나오는 경우가 많다. 사실 교회까지 왔다면 그 귀한 시간에 가능하면 온 친구들과 이야기도 더 나누고 교회 나오기 어려운 상황이나 이유도 묻고 연락처도 교환하고 SNS도 교류해야 한다.

그 날의 주인공이 누구인지 정확히 인지하고 그들을 향한 선물이나 마음을 움직이게 할 만한 책이나 짧은 말씀이라도 준비해야 한다. 선생님들마다 다양한 은사들이 있으니 각자 자신에게 맞는 스타일로 준비하면 좋다. 혹시 못 데려온 학생이 있더라도 격려해 주고 다음 주에 데리고 오면 된다고 여유 있게 대응해 주어야 한다. 보통 1년에 봄, 가을 2차례 정도로 진행하는 것이 좋다. 학기 초보다는 학기 말 정도가 친구들과의 관계성이 생겼을 때이다.

어떻게 오늘 교회 행사에 오게 되었는지? 오는 길에 어떤 일이 있었는지? 교회 와서 보니 어떤지? 이런 식으로 초대된 그 친구의 이야기를 들을 수 있는 다양한 질문들이 있다. 그렇게 이야기를 들으며 특징을 생각해 두고 다음 주에도 나올 수 있도록 편안하게 초대하고 관계성을 쌓아가야 한다. 결국 새로운 친구들과도 비슷한 패턴으로 접근해야 한다.

학생들에게 사주는 것은 가능하면 너무 비싸거나 사치스러운것은 제하는것이 좋다. 학생들의 수준에서 생각하는게 제일 좋고 잘 모를 땐 학생들에게 물어보면 적당한 곳을 안내해 주기도 한다. 분식을 먹고 싶다고 하기도 하고 그들도 보통 선생님에게 부담을 주고 싶어하진 않는게 보통이다. 먹는 걸로 끝내는게 아니라 그들을 예배와 모임으로 인도해 가는것이 목적이 되어야 한다.

너무 부담스럽게 되면 작게라도 회비를 걷어서 함께 사용하는것도 좋고 너무 학생들에게 끌려가지 않도록 약간의 밀당도 필요하다. 반장을 뽑아서 함께 상의를 해보는것도 좋은 방법중에 하나이다.

1. 소그룹에서 전도대상자를 미리 선정

 - 학생별로 전도할 친구 명단 리스트 작성

2. 그 친구와 밖에서 함께 만남

 - 맛있는 것 사주면서 풀코스 각오하고 나가시기를

3. 이야기를 들어주고 행사와 예배에 초대

 - 그들의 이야기를 흥미진진하게 듣도록

"빌립이 하나님 나라와 및 예수 그리스도의 이름에 관하여 전도함을 그들이 믿고 남녀가 다 세례를 받으니" (행 8:12)

전도 대상자를 정해 놓게 되면 좀 더 구체적인 진전이 생기게 된다. 전도에 있어서만큼은 보다 직접적인 시도가 필요해 보인다.

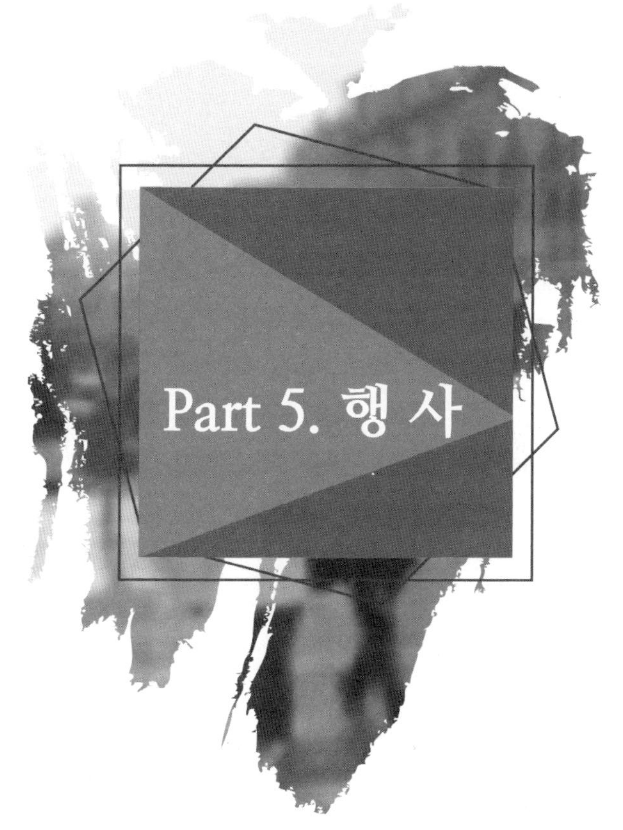

○ 행사의 목적과 의미

○ 친구를 데려오게 만드는 센스

○ 소그룹, 개인의 참여가 필요함

Part 5. 행사

교회 행사는 항상 공통적인 목적을 가지고 있다. 이 행사를 통해서 불신자들에게 복음을 전하는 통로가 되는 것이다. 항상 행사는 전도로 연결할 수 있어야 한다. 그들만의 리그가 되지 않도록 세상을 향해 열려있는 행사를 준비해야 한다. 수련회나 성탄절 등 다양한 행사를 통해서 교회를 모르는 친구들을 초청하는 기회로 삼아야 한다.

어떻게 하면 그들을 데려올 수 있을까에 초점을 맞추고 차근차근 준비하는 것이 필요하다. 특별히 반 학생들과 함께 아이디어 회의를 해서 학생들의 방법으로 접근하는 것도 좋다. 교사 혼자 주도하면서 이끌어 가는 스타일 보다는 반 학생들과 함께 협력해서 목적을 이루는 방법이 더 좋아 보인다. 어느 정도의 목적과 방향성, 틀 정도만 준비해 주고 사회자 역할을 하면 엄청 재미있는 회의 시간을 만들어 낼 수도 있다. 어느 선까지 융통성 있게 열려있는 교사인가 하는 부분도 중요하다.

행사의 목적과 의미

먼저 행사를 한다면 왜 하는지를 잘 파악해야 한다. 보통 행사 기획안을 보면 목적이나 의미에 대해서 첫줄에 나와 있다. 괜히 적는 것 아니니 잘 확인해봐야 한다. 그리고 이 행사를 전도와 어떻게 연결시킬지를 고민해 볼 필요가 있다. 처음 오는 친구들이 적응할 수 있는지 검토해 보고 어떻게 진행하면 좋을지 생각해야 한다. 행사를 통해서 반 학생들도 영향을 받게 된다.

예전에 중고등부 학생들을 데리고 몽골 단기선교를 다녀온 적이 있다. 그때 울란바토르에서도 3시간 가까이 떨어진 시골로 찾아가서 몽골 아이들에게 복음을 전하고 함께 놀아주었는데 물이 없어서 고생했었다.

열악한 환경 속에서도 중고등부 학생들이 많은 은혜를 받은 모양이었다. 저녁마다 나눔을 했었는데 그 때 은혜의 간증과 고백을 하는 친구들이 많았다. 결국 다시 돌아왔을 때는 그들의 신앙과 믿음이 한층 업그레이드 되었을 뿐만 아니라 그 경험으로 인해 인생이 바뀌었다고 고백하는 학생들이 많았다. 간증문을 썼는데 거기에 그들이 얼마나 큰 경험을 했고 은혜를 받았는지 고스란히 적혀 있었다.

여름수련회도 그렇다. 많은 학생들이 별 생각 없이 참여했다가 눈물 콧물 다 쏟아내고 터닝 포인트를 경험하고 돌아오는 학생들이 많다. 하나님의 은혜를 경험하는 특별한 순간이었으며 성령을 체험하고 주님과 동행하는 삶을 살게 되는 계기가 되었다. 이런 행사의 목적과 의미를 제대로 알고 있다면 우리 반 학생들도 참여시키고 싶고 그 친구들도 초대하여 데려가고 싶은 마음이 드는 것이 정상이다. 실제로 그런 사역의 현장 속에서 항상 아쉬움을 경험했다.

정해진 인원에서 항상 5-10%는 불참하기 때문이다. '같이 왔더라면 참 좋았을 텐데'라는 마음은 출발 전부터 갖게 된다. 선생님과 학생들의 관계성이 괜찮다면 이런 행사에 동참하는 것이 그래도 수월할 것이다. 행사가 끝난 뒤 꼭 그들의 이야기를 들어주는 것이 중요하다.

소감문을 쓰도록 하는 것도 방법이 될 수 있다. 그렇게 해야 학생들 스스로 받은 은혜와 경험을 정리해 보고 기억할 수 있다. 결국 여행에는 사진이 남는 것처럼 교회 행사에서는 간증과 나눔이 남게 된다. 본인 스스로도 글을 작성하면서 생각이 정리되게 된다.

친구를 데려오게 만드는 센스

사실 모든 행사에 친구를 오게 만들 수는 없다. 친구들의 상황에 따라서 다르다. 예전에 어떤 교회에서는 어머니의 열정으로 아들을 수련회에 꼭 참석 시키시려고 학교 선배들을 불러서 수련회 출발 당일에 아들을 데려가도록 부탁하신 경우도 있다. 그리고 아들에게는 수련회 참석하는 날짜 동안 인건비 계산해서 어머님이 직접 용돈을 주시면서까지 참여하게 만든 적이 있다. 그리고 그 학생이 수련회에서 눈물 콧물 다 쏟았으니 방법이야 어찌되었든 결국 어머니의 목적은 달성된 것이다.

어떻게든 행사에 참여시키는 게 중요한데 그게 참 쉽지가 않다. 참여만 하면 그 다음은 주님께 맡기겠는데 애초에 참여시키기가 어렵다. 가능하면 친구와 함께 참여하도록 소그룹에서 지혜로운 방법을 모색해보면 좋겠다.

평상시에 초청하려는 친구와 깊이 있게 이야기를 하라고 격려하는 것도 필요하다. 세상 친구들은 기도할 대상이 없다. 하나님을 믿지 않으니 세상의 엉뚱 한곳을 기웃거리게 된다. 그 친구에게 하나님을 소개하고 하나님께 기도하는 법을 가르쳐 준다면 위급할 때 하나님을 찾을 것이다. 하나님에 대해서, 말씀에 대해서 더 자세히 알아가는 방법을 설명해 주는 것도 괜찮다. 결국 사람은 힘들 때, 위급할 때는 하나님을 찾을 수밖에 없다.

교회학교의 때에 인생을 바꿀만한 주님을 경험하는 기회를 갖게 되는것이 중요하다. 나이 들어서 두손 들고 항복하며 주님께 돌아오는것도 은혜이지만 가능하면 어릴때 주님을 경험하는게 좋다. 그들의 인생 목표가 달라지고 세상을 살아가는 이유가 다르고 삶의 가치가 세상과 다르기 때문에 기적 같은 삶을 살게 된다. 이것은 철저히 담임교사의 몫일수 있다. 그들에게 주님을 만날수 있도록 많은 기회를 줄 수 있도록 범사에 기도하며 나아가야 한다.

캠프나 수련회에 참석하면 목회자로서 그들을 위해서 함께 울며 기도해 줄때가 있다. 성령의 역사하심 이후 교사들과 함께 학생들을 위해서 기도해 줄때 정말 수많은 선생님들이 눈물을 흘리며 그 학생들을 위해서 품에 안고 기도해 주는 경우를 많이 보았다. 학생들도 선생님의 진심을 느끼며 폭풍오열하게 되고 주님을 만나는 체험을 하게 된다. 이럴때 선생님의 역할이 정점을 찍게 되는것이다. 그들을 위해 울어줄 수 있는지, 그들의 사연을 다 알고 있는지, 이 학생들을 위해 기도하고 주님께 인도하는 것 그게 바로 우리를 교사로 부르신 이유이다.

소그룹, 개인의 참여가 필요함

행사 현장이나 예배의 자리에 초청된 친구들을 위해 반별 학생들이 역할 분배가 되어 있으면 더욱 좋다. 간식을 담당하거나 말을 걸어 주거나 자리 안내를 하거나 다양한 방법으로 그들을 배려하며 각자의 역할을 감당한다면 소외되는 친구 없이 모두 즐거운 시간을 보내게 될 것이다. 팀 사역에 합류시켜서 함께 하거나 현장에서 센스 있게 자리배치를 하는 것이 필요하다. 간식을 잘 챙겨주는 것만으로도 50%는 성공한 것이다.

그들이 마음의 문을 열고 공동체와 하나가 될 수 있도록 자세히 설명도 해주고 인도해 주어야 한다. 행사나 예배에 참여했다가 도대체 무엇을 해야 할지 몰라서 두리번 거리고 있다면 옆에서 설명해 주는 도우미가 필요하다. 그리고 다음 주에 한 번 더 나올 수 있도록 초대해야 한다.

가능하다면 선생님은 학생들의 역할 배치를 해주는것이 좋다. 무슨 일이라도 감당할 수 있도록 함께 준비하도록 신경을 써주는게 좋다. 그게 소그룹의 팀워크에도 좋다. 믿고 맡겨라. 혹시라도 펑크가 나더라도 두려워하지 말고 편하게 생각하라.

1. 행사의 목적과 의미

 - 행사를 왜하는지? 전도에 대한 마인드가 기본 장착되어 있는지?

2. 친구를 데려오게 만드는 센스

 - 친구들과의 좋은 관계성이 검증되는 상황

3. 소그룹, 개인의 참여가 필요함(소외되지 않도록)

 - 서로 챙겨주면서 소외되지 않도록,

   각자의 역할 분담이 되어 있는지 체크

"이튿날 가이사랴에 들어가니 고넬료가 그의 친척과 가까운 친구들을 모아 기다리더니" (행 10:24)

행사를 함으로 인하여 무엇을 얻을 수 있는지 검토해야 한다. 그저 보이기 위한 행사가 아니라 한 영혼이라도 깨닫고 돌아오게 하기 위한 행사가 되어야 한다. 그래서 예산을 사용하고 시간을 들이고 봉사와 헌신을 마땅히 하는 것이다.

MEMO

VISION

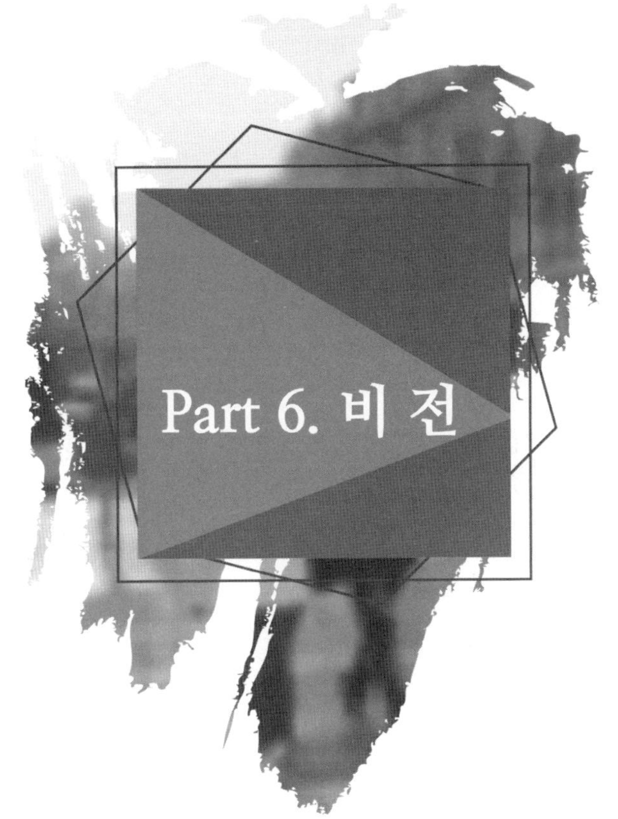

○ 학생들이 좋아하는 것이 무엇인지?
○ 인생의 목적, 의미, 사명에 대한 설명
○ 학생에게 의미 있는 말씀을 선물

Part 6. 비전

　예전이나 지금이나 꿈과 비전이 뚜렷한 학생도 있지만 꿈과 비전이 없어서 누군가에게 질문 받는 것 조차 부담스러운 학생들도 많다. 그럼에도 불구하고 그들에게 비전을 물어봐주고 조언해 주며 인도해 주는 선생님 한분 정도는 필요하다. 과연 그런 말을 그 학생에게 누가 해줄 수 있을까? 학생과 어느 정도의 관계성을 가지고 조언을 해주며 신뢰를 가지고 있는 선생님이어야 가능한 부분이다. 세상적인 가치관에 너무 물들어 있어서 정말 중요한 것이 무엇인지 고민 중인 학생들이 많다.

　이 때 선생님이 신앙적인 가치관과 그 학생의 재능을 고려하여 조금이라도 조언을 통해 꿈을 꾸게 하고 비전을 갖게 해준다면 인생의 스승을 만난 것처럼 여겨질 것이다. 학생들에게 단기적/장기적 계획을 세우게 하고 지속적으로 소망의 말을 해주는 것이 필요하다. 선생님의 믿어주는 모습이 다른 무엇보다 중요하다.

요셉의 터무니 없는 꿈 이야기에 대해서 아버지 야곱은 마음에 두었다고 말하고 있다. 우리가 맡은 학생들의 꿈과 비전에 대해서 마음에 품어주는게 필요하다. 그들을 향한 든든한 지지자가 되어주고 응원해 주는 교사가 필요하다.

누구라도 그들의 꿈에 대해 비난하거나 비판하는 건 쉽다. 솔직히 말하면 그럴 시간에 대안이나 계획을 제시해 주는것이 차라리 나을 것처럼 여겨 질지도 모른다. 하지만 그 학생들이 어떻게 될지 아직 아무도 알수가 없다. 앞으로 넘어야 할 산이 엄청날 수도 있지만 적어도 세상에 그 학생의 이야기에 귀를 기울이고 주목해줄 선생님 한분은 있어야 하지 않을까? 그런 따뜻한 선생님이 되어주기를 소망해본다. 요셉의 아버지 야곱처럼 말이다.

학생들이 좋아하는 것이 무엇인지?

어느 정도 반 학생들과 친해졌다고 생각하면 자연스럽게 그들이 좋아하는 것은 무엇인지? 소질이나 관심은 어디에 있는지? 물어봐야 한다. 또래 학생들이 서로 좋아하는 것과 관심 있는 것이 비슷할 것 같지만 많이 다르다. 모두가 같이 있는 자리에서도 물어보고 1:1로 물어보면서 그 학생에 대한 관심을 가지고 있어야 한다. 그러다보면 결과적으로 이 학생이 앞으로 어떤 비전을 향해 나아가는지가 보이게 되고 조금이라도 조언을 해 줄 수가 있게 된다.

조금 빠른 학생들은 이미 비전을 가지고 있는 경우도 있다. 그럴 경우 그것을 좀 더 디테일하게 잡아 주는 것이 필요하다. 아무래도 학생이 가지고 있는 생각의 한계가 있기 때문에 경험이 있는 선생님이 좋은 방향으로 인도해 주는 것이 좋다. 아직 어려서 혹시 목표가 분명하지 않더라도 천천히 기다려 주는게 좋다. 전문가를 소개시켜 주는것도, 멘토나 관련 책을 알려주는것도 좋다. 그 학생이 좋아하는 분야에 대해서 조금이라도 검색을 해보고 알아본후 함께 이야기를 나눠주는게 우리가 해야할 역할이다. 어쩌면 그누구도 하지 않을 일을 우리는 해야한다. 그 아이를 위해서 말이다.

인생의 목적, 의미, 사명에 대한 설명

실제로 현장에서 많은 청년들과 학생들에게 인생의 목적, 의미, 사연에 대한 질문을 많이 했었다. 사실 진지하게 이런 걸 물어보면 대부분은 당황스럽다는 표정이다. 그리고 단 한번도 생각해 본적도 없는 친구들이 의외로 많다. 사실 집에서도 학교에서도 학원에서도 특별히 이 부분을 놓고 진지하게 질문을 받거나 이야기를 나눈 적이 별로 없기 때문에 상당히 낯선 상황이 연출되기도 한다. 하지만 선생님으로서 이 부분을 말하지 않고서는 그들의 인생에 믿음의 가치관을 심어놓기가 쉽지 않다. 결국 하나님께서 우리를 부르신 이유를 설명해줘야 한다.

인생의 특별한 목적에 대해서 설명해야 한다. 그리고 사명이 무엇인지 우리에게 특별히 그 부분에 관심을 갖게 하신 것은 어떤 뜻인지 설명해야 한다. 우리를 하필 대한민국에 태어나게 하시고 그것도 지금 이 시점에 학교를 다니고 준비케 하시며 결국 우리에게 그런 관심과 비전을 주신 것은 우리 인생에 주님께서 사명으로 주신 것 이라는 것을 가르쳐야 한다. 그래서 주님의 비전에 동참하고 내 달란트가 쓰이도록 준비하고 노력해야 함을 말해줘야 한다.

그냥 시간이나 때우고 놀다가 끝나는 인생이 아니라 어려운 사람들을 도와주고 빈민국에 선교하며 청지기 의식을 가지고 우리에게 주어진 재원과 재능들을 통해 주님이 원하시는 미션을 앞으로의 삶에 감당해야함을 가르쳐야 한다. 이렇게 되면 그 학생의 방향이 바뀔 수 있다. 그동안 아무런 의미 없이 살아온 인생을 돌아보고 이제 특별하게 부름 받고 사용되어져야겠다는 거룩한 부담감을 갖게 된다. 끝없이 고민하게 되며 기도하게 된다.

인생의 화두를 제시한 효과가 나타나기 시작하는 것이다. 그저 반복적인 삶의 굴레 안에서 보다 큰 세상을 바라보게 되는 관점의 변화가 생기기 시작하는 것이다. 이것이 우리를 사용하셔서 학생들을 변화시키는 주님의 계획하심이라고 볼 수 있다. 아무도 관심 갖지 않은 그늘지고 어두운 그들의 내면에 작은 빛을 밝혀주어 의미 있는 인생을 살게 하는게 필요하다. 그들의 인생이 바뀐 시작점이 어렸을 적 교회 선생님과의 대화에서 비롯되었다면 선생님으로서 얼마나 값진 의미와 보람이 있을까?

하갈은 임신을 하게 된 후 사래와 관계가 틀어진다. 결국 화가 난 사래가 아브라함에게 양해를 구하고 하갈을 어렵게 만들고 그로 인해 하갈은 탈출하기로 한다. 임신한 몸으로 도저히 살 수 없어서 도망쳐 나오다가 샘 곁에서 하나님의 천사를 만나게 된다. 그때 천사가 하갈에게 묻는다. "네가 어디서 왔으며 어디로 가느냐?" 이 질문이 하갈의 인생을 바꿔 놓는다. 단순히 지리적인 질문이 아니다. 사실은 본질적인 질문이며 인생의 화두가 되는 질문이다. '지금까지 어떻게 살았으며 네 인생의 방향은 어딜 향하고 있느냐?'라는 질문이다. 하갈은 그런 생각을 해본 적이 없다. 노예였기 때문에 그저 자신의 고향인 이집트를 향해 가려고 가출한 것뿐이었다. 제대로 참지도 못하고 자신의 자만했던 죄에 대해 생각해 볼 겨를도 없이 도피하기 바쁜 상황이었다. 때론 참고 인내해야 할 때가 있다.

예수님은 십자가를 감당하기 위해 골고다 언덕길을 참으며 올라가신다. 다니엘의 세 친구는 풀무불 앞에서도 담대한 신앙고백을 한다. 다니엘은 사자 굴에 들어가서 그날 밤을 버틴다. 스데반은 날아오는 돌들 앞에서 쓰러지면서도 복음을 증거한다.

그들이 참고 인내하고 버틴 이유는 한 가지다. 바로 사명 때문이다. 믿음을 지키기 위해, 복음을 전하기 위해, 아직 못 이룬 비전 때문이다. 그렇다면 하갈의 인생이 그저 도망갈 때인가? 그 당시 인격체로 대우 받을 수 없는 여종에게까지 천사를 보내셔서 질문하시고 인생의 의미를 부여하시며 축복으로 이끌어 주셨다면 오늘날 예수님의 핏값으로 사신 우리들은 어떨까? 우리 인생에도 부르심과 사명이 당연히 있지 않을까? 그렇다면 우리의 인생은 각자의 자리에서 해야 할 끝나지 않은 일이 있지 않을까? 그것을 위해서 이 땅에 보내신 것이 아닐까? 이런 생각을 하다보면 결국 우리가 가르치는 아이들까지 생각이 다다른다.

그 학생들에게도 동일하게 찾아오셔서 그들의 인생에 의미와 방향, 사명에 대해서 깨닫게 하시지 않겠는가? 우리 교사들을 사용하셔서 그들이 깨닫도록 우릴 사용하시지 않을까? 그런 것 가르치라고 교사로 세우신 것은 아닐까?

학생에게 의미 있는 말씀을 선물

그 학생에게 비전이 생겼다면 이제 그를 위해 기도해야 하며 필요한 말씀들을 정기적으로 보내줘야 한다. 책갈피로 선물할 수도 있고 핸드폰 말씀 배경화면으로 보낼 수도 있다. 아직 학생들은 성경 속 방대한 말씀 가운데서 자신에게 필요한 말씀이 어디에 숨어 있는지 찾을 겨를도 없을 것이다. 선생님은 이미 많은 세월 말씀을 많이 봤기 때문에 얼마든지 그런 말씀을 추천해 줄 수가 있다. 그렇게 해서 계속해서 비전을 체크하고 응원하고 격려하며 기도해주는 것이 선생님이다. 그런 역할로 든든한 아군이 되어주면 학생들은 안정적인 믿음의 반석 위에 집을 지어나가기 시작하는 것이다.

따뜻한 칭찬 한마디, 할 수 있다는 격려 한마디로 인해 인생이 바뀌었다는 사람들이 얼마나 많은가? 바로 우리 반 아이들에게 그런 역할을 해 줄 수 있는 교사가 된다면 그것만으로도 우리는 충분히 하나님께서 맡겨주신 교사의 직분을 잘 감당하고 있는 것이다. 우리를 사용하셔서 그 친구들을 변화시키는 것은 하나님의 몫이니까 우린 그저 할 일을 다 할 뿐이다.

기억에 남을 만한 한마디가 중요하다. TV 광고를 보면 시청

자 들에게 기억에 남을 만한 핵심 문구를 전달하기 위해 최선을 다하는것을 보게 된다. 간단한 한문장으로 인해 그 상품의 판매율이 달라진다. 사람들의 기억에 남도록 인상깊은 한 문장을 만들기 위해 누군가는 밤을 세우며 회의를 하는것이다. 이들의 프로 정신은 우리에게도 충분히 귀감이 된다. 우리 학생들에게도 매주 기억에 남을만한 한문장을 전달해 주면 어떨까? 1년 동안 50개의 말씀이나 문구를 전달했다면 그중에 하나 정도는 학생들의 중심에 도달하여 그들의 인생에 영향을 주게 될것이다.

1. 학생들이 좋아하는 것이 무엇인지?
 - 주 관심은 아이돌? 어떤 게임을 좋아하는지?

2. 인생의 목적, 의미, 사명에 대한 설명
 - 주님께서 이 땅에 보내신 이유?
   우리 인생에 무슨 의미가 있을까?

3. 학생에게 의미 있는 말씀을 선물
 - 선생님이 은혜 받은 말씀 중에서 학생들에게 보내주도록,
   짧은 큐티나 기도를 선물함

"요셉이 그들에게 이르되 청하건대 내가 꾼 꿈을 들으시오"
 (창 37:6)

결국 비전은 기획안과 같다. 어떻게 준비하고 계획했느냐에 따라 그
대로 진행된다. 눈앞의 현실에 비전을 포기하지 말고 끝까지 나아갈
것을 학생들에게 가르쳐야 한다.

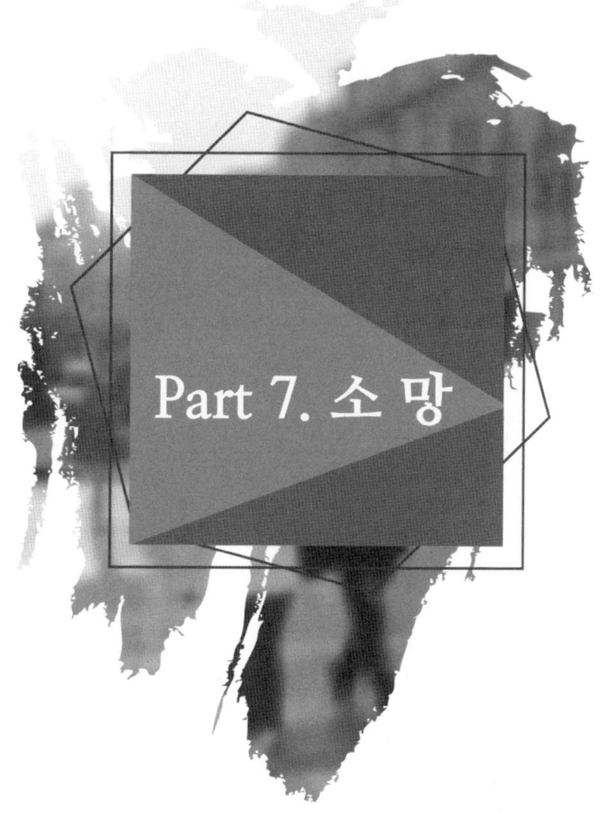

○ 교사는 소망을 바라볼 수 있어야 한다.
○ 비수처럼 품은 교사의 불가능한 기도제목
○ 학생의 미래와 교사의 선한 영향력

Part 7. 소망

　씨를 뿌리는 작업은 원래 어렵다. 때론 한심해 보이기까지 한다. 과연 그렇게 뿌린 씨가 제대로 자랄까 하는 것은 거의 믿음의 차원이다. 학생들을 위해 기도하고 비전을 갖게 하고 관계성을 갖는 것도 씨를 뿌리는 작업과 비슷하다. 애초에 씨 뿌리는 농부의 마음으로 기대를 내려놓고 시작해야 한다. 괜히 성급하게 가다가는 본인 스스로 좌절을 경험하게 될 것이다.

　우리가 100%를 쏟아 부어도 그 학생에게 들어가는 건 10~20% 정도이다. 그러니 살아남는 말씀이 하나라도 있으면 다행인 것이다. 그리고 결국 시간의 문제이기도 하다. 그 학생들에게 뿌린 말씀의 씨앗이 시간이 흐르면 싹이 나고 꽃이 피고 열매로 맺히게 될 것이다. 포기하지만 않는다면 결과적으로는 언젠가 주님께서 역사하실 것이다.

교사는 소망을 바라볼 수 있어야 한다.

엘리야는 엄청난 기적의 승리를 끝내고 이제 본격적으로 비를 내려달라는 기도를 갈멜산 꼭대기에서 하게 된다. 얼마나 간절하고 처절하게 기도했을까? 이스라엘의 근본적인 문제는 하나님 대신 이방신들을 섬김으로 인해 하나님과의 관계성이 깨진데 있었지만, 표면적인 문제는 역시 가뭄이었다. 그러니 이제 멋지게 믿음의 승리를 거두었다면 가뭄이 끝나고 홍수가 날만큼 비가 내려주면 끝나는 그림이었다. 그렇지만 3년 반 동안 가뭄이었던 그 땅에 비를 내리게 한다는 것은 실제로 쉽지 않은 일이었다.

무엇보다 기도하고 있는 엘리야의 마음도 의심으로 흔들리는 상황이었을 테니 말이다. 그럼에도 불구하고 끝까지 포기하지 않고 기도한다. 그리고 결국 작은 구름을 보고 소망의 소리를 외친다. 그것도 큰 비가 내릴 것이라고 왕 앞에서 장담한다.

이 이야기를 읽다 보면 교사로서 학생들에게 어떤 소망을 두고 기도해야 하나? 라는 생각이 든다. 반복되는 악재들 속에서도 포기하지 않고 간절하게 소망하는 것, 어쩌면 그 소망이 비를 오게 만들고 학생들의 인생을 변화시키는 기적으로 이끌지 않을까? 작은 구름을 보고 응답될거라 장담했던 것처럼 학생들의 작

은 변화를 감지하고 그들의 인생을 향해 담대하게 외치는 믿음
이 기적적인 응답으로 귀결 될 것이다.

우리교회에서는 초등과정 대안학교를 운영하고 있다. 아직
초기라서 학생들은 3명이다. 하지만 담임선생님이 비전을 가지
고 열심히 가르치고 있다. 개교한지 보름이 지나서 페이스북에
우리 대안학교에 재능기부 형태로 외부강사를 모신다는 글을 올
렸다. 함께 아이들을 가르치고 소망을 바라보면 좋겠다는 글에
수많은 분들이 응원해 주셨다. 그날 이후로 10명의 전문가이신
외부강사 분들이 학교에 오셔서 가르쳐 주고 계신다.

그중에 어떤 강사분들은 대학교에서 강의 하시는 분들이시며
어린 학생들에게 가르치는것을 귀한 사명으로 여기시는 분들이
시다. 기가막힌 상황이 연출된 것이다. 소망을 바라보며 포기하
지 않고 나아간다면 어떤 일들이 일어날까? 교회에서 선생님들
이 담당하고 있는 학생들도 그렇다. 어떤 마음으로 그들을 가르
치고 있는지가 중요하다.

기드온은 큰 전쟁을 앞두고 부하들 앞에서 작은 양털뭉치만
적셔달라고 아니면 마르게 해달라고 주님께 기도했다. 사실 별
것 아닌, 어찌 보면 전쟁과는 연관성도 없어 보이는 기도였다. 하

지만 응답해 주시면 하나님께서 이 전쟁을 승리로 이끌 것으로 알겠다는 기도 제목 이었다. 결과적으로 그 자리에 함께 있었던 군사들의 사기 문제였으며 이스라엘 백성들과 미디안 적군들에게까지 소문으로 퍼지는 아주 중요한 간증이었다.

우리 학생들도 그렇다. 그들에게 날마다의 양털뭉치 같은 기도들은 어쩌면 믿음의 사기 문제일 수 있다. 선생님이 학생들을 위해서 작은 것까지 함께 기도해주고 그것이 어떻게 되었는지 확인하고 나누면서 믿음이 점점 자랄 수 있는 것이다. 그렇게 해서 결과적으로는 인생의 소망을 볼 수 있고 비전을 향해 한걸음씩 나갈 수 있게 된다. 선생님은 바로 그런 자리이다. 학생들을 위해서 기도해야 하는 자리이고 그들이 어떤 응답을 받았는지 들어주고 인도해주어야 하는 자리이다. 세상과의 전투에서 승리하도록 응원하고 격려해야 하는 자리이다.

비수처럼 품은 교사의 불가능한 기도제목

아브라함에게 아들을 낳게 될 것이라는 예언은 아내조차도 비웃을 수밖에 없는 말도 안 되는 이야기였다. 그렇지만 그 불가능할 것만 같은 일이 기적처럼 이루어진다. 우리 반 학생들을 향해서도 마찬가지다. 사고뭉치, 장난꾸러기, 사춘기, 외계인, 꼴뚜기 별명처럼 다양한 여러가지 상황으로 인해 그들에게 포기와 저주와 절망을 쏟아낼게 아니라, 도리어 불가능한 기도를 할 수 있어야 한다.

'믿는 자'라는 것은 적어도 선생님이라면 제자를 향해 불가능한 기도 하나 정도는 비수처럼 마음속에 간직하고 갈고 닦아야 하는게 아닐까? 그 학생을 평범하게 대하지만 마음속으로는 날카로운 비수처럼 살벌한 믿음의 기도가 하나 쯤 숨어 있어야 한다. 그래서 그 학생을 보는 눈이 다르고 대하는 열정이 다르고 지지하고 응원하는 마음이 다르다면 그 학생도 그걸 분명하게 느끼지 않을까?

요셉도 처음엔 엄청난 꿈을 꾼 적이 있다. 하지만 그의 인생은 꼬일대로 꼬여갔고 결국 타국 이집트에서 노예로 그것도 감옥 안에서 비참한 운명을 마감해야 했다. 하지만 요셉의 마음속에는 어릴 때 소망했던 불가능할 것 같은 기도가 조용히 숨어 있었다. 현실은 지옥 같은데 마음속에는 말로 할 수 없는 평안함이 자리잡고 있는 것이다. 그리고 어느 날 기적 같은 하루가 찾아오게 된다. 현실적으로만 본다면 요셉은 온전히 살아갈 수가 없는 인생이었다.

그 누구도 히브리 노예의 감옥 이야기에 관심을 갖는 사람은 없었다. 모두 다 잊혀져 버릴 것만 같았다. 하지만 하나님께서 처음 주신 그 꿈을 계속 바라보고 계셨다. 그리고 현실적으로 모든 부분에서 그 꿈은 이루어질 날을 기다리며 착착 진행되고 있었다. 심지어 요셉 자신 조차도 그것을 눈치채지 못하고 포기해야만 하는 상황 가운데 할 때 하나님께서는 기적 같이 요셉의 삶을 지옥에서 천국으로 이끌어 주신다.

감옥 밑바닥에서 왕궁의 한복판에 세우신다. 그리고 손가락에 절대반지를 끼워 주시는 것이다. 이때까지도 요셉은 별로 실감이 나지 않았다. 주변 국가에까지 번진 가뭄으로 인하여 형제들이 식량을 구하기 위해 총리인 자신에게 엎드려 절할 때 그때 요셉은 소름이 돋을 만큼 분명하게 깨닫게 된다. '처음 주셨던 그 꿈이 이렇게 이루어지는 것이었구나!'라는 깊은 깨달음을 얻게 된다.

그래서 지금까지 내 인생이 이렇게 흘러온 것이며 가족과 친척과 민족과 백성을 구하기 위해 말도 안되는 축복의 자리에 세우신 것이라는 것을 뒤늦게 깨닫게 된다. 분명 얼마 전까지도 불가능해 보였는데 이렇게 되다니 이건 분명 기적이라고 느꼈을 것이다. 우리가 보기에도 그렇다. 사실 요셉의 기적 이야기는 우리가 가르치는 우리 반 아이들의 훗날의 기적 이야기가 될지 모른다.

우리가 너무 쉽게 포기하지만 않는다면, 하나님을 충분히 그렇게 인도해 주시는 분이시다. 최소한 교사로서 반 아이들을 향한 불가능한 기도를 가지고 있어야 하며 절대 포기하지 않고 하나님의 이루시는 과정을 깨닫고 앞으로 어떻게 변화될지를 응원해야 한다. 미운오리새끼는 결국 백조였다. 우리 반 아이들을 위해 충분히 기도해 주어야 한다.

사실 나도 교회학교 때는 말썽꾸러기였다. 아마 나를 맡으셨던 선생님은 정말 곤욕이었을 것이다. 내가 목사님 아들이었기 때문에 더 감당하기 벅찼을지도 모른다. 그당시에 철이 없던 나였지만 그래도 마음속으로는 그분들의 변함없는 믿음과 가르침에 감동을 받고 있었다. 그 선생님들의 기도에 영향을 받았던 것이다. 내가 목사가 되었다는것을 아마 그 선생님들은 모를것이다. 참 감사한 일이 아닐수 없다. 그렇게 생각해보면 지금 우리가 가르치고 있는 학생들도 앞으로 어떻게 주님께서 사용하실지 기대가 된다. 많이 힘든 아이일수록 하나님의 계획은 엄청나지 않을까? 우린 하나님의 도구로 쓰임 받고 있는지도 모른다. 감정적으로 대하기 보단, 긍휼의 마음으로 기도하며 축복해 주길 바란다.

학생의 미래와 교사의 선한 영향력

지금은 새싹 같은 아이들이다. 하지만 10년 뒤, 20년 뒤에는 어떨까? 그들의 미래를 안다면 지금 이렇게 대할 수 있을까? 이 아이가 커서 스티브잡스처럼 되거나 윤동주처럼 되거나 슈바이처가 되거나 하지 않을까? 이 학생의 지금 모습에 실망하기 보다는 20년 뒤의 모습을 머릿속에 그리고 타임머신을 타고 여기에 와서 그 학생을 가르친다고 상상해 보자. 그 학생이 달라 보일 것이다. 지금의 모습은 연약하고 부족하고 허점투성이일 것이다. 당연히 그럴 수밖에 없다.

이제 앞으로 어떤 일들을 겪고 연단 받고 어떤 사람을 만나면서 그들의 인생이 달라지는 것이다. 그러니 선생님으로서 그들의 미래를 바라보며 지금 모습을 잘 대처하고 가르쳐야 하는 것이다. 지금 싸우고 짜증내고 빈정거리고 울고 난리를 친다면 참 말 안 듣게 생겼다면 더 기대해라. 그 아이는 무언가 대단한 사람이 될 것이다. 하나님의 변화무쌍한 계획으로 인도될게 뻔히 보인다. 무엇이 중요한지 본질적인 질문을 던져라. 그래서 생각하게끔 만들어 주는 것이 중요하다.

부딪힌 문제와 장애물 앞에서 감정조절장애처럼 울고불고만 하게 두지 말고 어떻게 해결하고 넘어갈 수 있을지 고민하게 하고 생각하게 하며 풀어 갈 수 있도록 가르치는 것이 중요하다. 그렇게 조언하면서 그들의 인생에 대한 관점과 가치관이 바뀌게 만들어야 하는 것이다. 그렇게 하여 기억에 남는 선생님이 된다면 그 학생에게 중요한 인생의 기회를 심어 줄 수 있다.

그들을 위해서 울어본 적이 있는가? 그들을 맡은 게 부담스러운가? 마음속 깊이 원인 모를 짜증만 올라오는가? 하도 말을 안들어서, 잘난척만 해서, 도무지 말이 안통해서 교사를 포기하고 싶은 마음만 가득한가? 그렇다면 한번 생각해 보라. 예수님도 우릴 향해 그런 마음이 들지 않으셨을지? 아마 더하면 더했지 덜하진 않을것이다. 우린 주님께 사랑의 빚을 진 사람들이다. 학생들에게 그 빚을 갚아야 하지 않을까? 그들을 위해서 기도하고 조언해 줄 수 있어야 한다.

"네가 어디에서 와서 어디로 가고 있느냐?" 이 질문은 단순히 지리적이고 위치적인 질문으로 들린다. 적어도 모든 것을 포기하고 이집트를 향해 도망가고 있는 하갈에게는 그런 질문으로 들렸을 수도 있다. 하지만 천사가 그것을 몰라서 물었을까? 이 질문의 깊이에는 지금까지 어떻게 살았고 앞으로 어디를 향해서 살아갈 것이냐 라고 묻는 것이며 그것은 인생의 의미와 목적, 비전과 사명에 대한 본질적인 물음이기도 하다.

이로 인해 하갈은 자신을 돌아보게 되고 다시 한 번 참고 인내하여 주인의 집으로 돌아가게 된다. 우리의 인생도 아이들의 인생도 그렇다. 지금까지 어떻게 살아왔고 앞으로 어떤 방향을 향해서 살아갈 것인가? 우리를 부르신 사명과 인생의 목적은 어디에 있는가? 무엇을 위해 사는가? 라고 우릴 향해 되묻고 있는 것이다.

주님께서 우리를 교사로 부르셨다. 삶이 쉽지 않다. 아이들이 우릴 곤란하게 만들고 내 마음을 요동치게 만든다. 감정에 휘둘려 본질적인 것을 볼 수 없게 만든다. 하지만 그럼에도 불구하고 우리 인생의 의미를 곱씹어 보기를 원한다. 우리를 왜 교사로 부르셨을까? 우리를 어떻게 사용하실까? 이 아이의 인생을 어떻게 들어 쓰실까? 앞으로 주님께서 어떻게 인도하실까? 그런 마음으로 학생들을 바라보고 그들을 가르치고 질문하고 조언하며 들어주고 기도해줘야 한다. 결국 주님께서 우릴 사용하실 것이다.

1. 교사는 소망을 바라볼 수 있어야함
 - 지금 당장 답답해 보여도 소망을 보라.
   학생에게도 방법을 알려줘야 한다.

2. 교사는 불가능한 기도를 비수처럼 품고 있어야함
 - 도저히 이루어질 수 없을 것만 같은 기도 하나는 가지고 있어야
   크리스천이다.

3. 교사는 그 학생의 20년 후를 바라보고 영향을 줄 수 있어야함
 - 지금 모습을 기억하고 20년 후의 모습을 상상하라.
   그러면 이해가 된다.

"나는 항상 소망을 품고 주를 더욱 더욱 찬송하리이다" (시 71:14)

소망이 있는 사람과 없는 사람은 삶을 살아내는 형태가 다르다. 기쁨으로 살거나 죽지 못해 살거나의 차이다. 우리 아이들에게 소망을 품고 살아가는 방법을 꼭 가르쳐 주는 것이 중요하다.

나오는 말

교사가 되고 나서 받은 은혜로만 학생들을 가르치기엔 역부족이다. 몇 주 안가서 현실적인 많은 문제에 부딪히게 된다. 그저 열정만으로 비전만으로 감당하기엔 벅찬 상황이다. 학생들은 왜 이렇게 말을 듣지 않는지, 떠들고 싸우고 대드는 아이들을 어떻게 감당해야할지, 자신의 감정 컨트롤 하기에도 벅차다. 아이들을 향한 사명감과 교육에 대한 핑크빛 꿈들은 순식간에 사라져버린다. 당장이라도 때려치고 도망가버리고 싶은 마음이 가득할 수도 있다. 심지어 선생님들과의 관계와 사역자 스타일도 교사하기 힘든 상황이 되는데 한몫을 하게 된다.

더구나 직장 생활하느라 평일에도 바쁜 시간을 쪼개서 사용하는데, 언제 학생들을 추가적으로 만날 것인가? 재정이라도 넉넉하면 아이들에게 실컷 간식이라도 사줄 텐데 내가 사먹을 돈도 없다. 그러니 어떻게 그 학생들을 가르치고 양육하며 인도할 수 있을까? 우리가 해줄 수 있는것에는 분명한 한계가 보인다.

그렇다고 문제 앞에 울고만 있을 수는 없다. 감정적으로 격앙되어 실패와 좌절을 벗 삼아 포기하고 지낼 수만도 없다. 그러라고 교사로 세운 게 아니다. 수많은 어려움과 장애물 앞에서도 받은 사명 감당해보겠다고 눈물겨운 사투를 벌이는 그 믿음의 몸부림을 보시고자 교사로 세운 것이다. 그러니 애매한 분위기에 장단 맞추기 보단 과감한 결단으로 끝장을 보자.

책 내용을 읽으면서 여러 가지 도전과 결단의 마음이 들었다면 과감히 결단하기를 바란다. 그래서 우리가 가르치는 학생들이 최소한 조금이라도 변화될 수 있다면 "선생님 때문에 제 인생이 변했어요."라는 이야기 한 번 들어 볼 수 있다면 얼마나 감동이 될까? 물론 하나님께서 그렇게 해주신 것이고 영광은 그분께 돌려야겠지만 그런 뿌듯한 이야기 한번 들을 수 있다면 그동안 교사로 고생했던 많은 순간들이 씻은 듯이 잊혀지고 기쁜 순간들로 바뀌지 않을까 싶다.

결국 죄인인 우리를 주님께서 사랑하시어 예수님을 보내 십자가의 보혈로 용서하시고 살려주신 것처럼 오늘날 교사로 우리 학생들을 대할 때 같은 마음과 사랑으로 보듬어 준다면 정말 감동일 것이다. 은혜를 나누어 주고 주님을 소개해주고 믿음을 전수해 주고 비전을 함께 꿈꾼다면 교회마다 다음세대가 은혜를 받고 부흥할 것이다. 다음세대 부흥의 이면에는 수많은 선생님들의 수고와 눈물의 기도가 비하인드 스토리로 담겨 있을 것이다.

쉽지 않은 이 길에 주님은 우리를 교사로 부르셨다. 그 부르심은 예사롭지 않게 느껴진다. 아이를 양육하는 부모가 되어야 비로소 자신의 부모님을 이해하게 되는것처럼 영적인 다음세대를 양육해 봐야 하나님의 마음을 더 깊이 이해하게 될것이다. 남모르게 흘려야할 눈물들이 많겠지만 결국 기쁨의 눈물로 변하게 될 날이 올것이다. 함께 이 귀한 사역에 동참하게 되어 정말 기쁘게 생각한다.

주님의 은혜를 경험하며 함께 동행하고 끝이 없는 교사의 세계로 힘차게 달려가보자. 페이스북이나 SNS를 통해서 얼마든지 소통하고 중보하며 응원 할 것이다. "Why not change the world?" 도전 받은 대로 시작해 보면 좋겠다. 분명 기적이 일어날 것이다. 이 책을 읽은 선생님들 모두 힘내서 화이팅하면 좋겠다.